Aus dem Programm Huber: Psychologie Sachbuch

Wissenschaftlicher Beirat:
Prof. Dr. Dieter Frey, München
Prof. Dr. Kurt Pawlik, Hamburg
Prof. Dr. Meinrad Perrez, Freiburg (Schweiz)
Prof. Dr. Hans Spada, Freiburg i.Br.

Mario Kellermann

Suggestive Kommunikation

Unterschwellige Botschaften in
Alltag und Werbung

Mit einem Vorwort von Dieter Frey

Verlag Hans Huber
Bern · Göttingen · Toronto · Seattle

Zeichnungen: Mario Kellermann und Meike Deutscher
Umschlagbild: Piccadilly Circus, London
© für das Foto 1997 by Daniel Berger, Thun

Die Deutsche Bibliothek – ClP-Einheitsaufnahme

Kellermann, Mario:
Suggestive Kommunikation / Mario Kellermann. – 1. Aufl. –
Bern ; Göttingen ; Toronto ; Seattle : Huber, 1997
 (Aus dem Programm Huber: Psychologie-Sachbuch)
 97.04.00
 ISBN 3-456-82852-7

1. Auflage 1997
© Verlag Hans Huber, Bern 1997
Satz: Satzspiegel, Bovenden
Druck: Druckhaus Beltz, Hemsbach
Printed in Germany

Vorwort

Manche Kollegen innerhalb der Psychologie sind der Meinung, daß bis zu 80% aller Probleme auf Kommunikationsprobleme zurückzuführen sind: Die Kommunikation kommt nicht so an, wie sie «gemeint war». Ursache ist dabei aber selten bewußte Böswilligkeit: Oft hat man lediglich falsche Hypothesen über den Sachverhalt, oder man sendet mißverständliche Zweitbotschaften – und häufig benutzt man auch Worte, die beim Empfänger eine andere Interpretation erfahren als intendiert war.

Man überlege sich nur folgenden Fall: Eine Organisation möchte im internen und externen Bereich mehr Kunden- und Serviceorientierung einführen. Doch was bedeutet dies konkret? Jeder versteht etwas anderes darunter – und auch eine klar formulierte Botschaft des Topmanagements mag unterschiedlich «gefiltert» werden, je nach affektiver und kognitiver Prädisposition. Außerdem wissen wir ja: Gesagt bedeutet nicht gehört, gehört bedeutet nicht verstanden, verstanden heißt noch nicht einverstanden, einverstanden noch nicht angewendet und angewendet noch nicht beibehalten. Überzeugen durch Kommunikation ist eine komplexe Angelegenheit ...

Oft sind es subtile verbale und nonverbale Einflußfaktoren, die darüber entscheiden, ob Kommunikation erfolgreich ist, also ihre Absicht erreicht. Dabei geht es keineswegs nur darum, eigene Interessen besser zu «verkaufen», sondern ganz entscheidend darum, wirklich zu überzeugen. Viele der im Buch vorgeschlagenen Punkte sind bewußt suggestiv, doch letztlich sind auch dies wichtige Strategien der Kommunikation – vielleicht die wichtigsten?

Kommunikationsstrategien sind sowohl für soziale wie für kommerzielle Organisationen und deren Mitglieder relevant: Sie sind für Amnesty International und das Rote Kreuz genauso wichtig wie für eine Automobilfirma oder einen Waschmittelkonzern. Es geht dabei um die Frage, wie man von anderen Menschen beeinflußt wird und wie man selbst diese beeinflußt. In der Regel sind wir uns viel zu wenig bewußt, daß wir über alle fünf Sinneskanäle kommunizieren – Sehen, Hören, Fühlen, Riechen und Schmecken beeinflussen uns positiv wie negativ. Ebenso senden und empfangen wir auf unterschiedlichen – sachlichen wie emotionalen – Ebenen zugleich.

Dieses Buch bietet für Laien, Theoretiker und Praktiker gute Erklärungen zu Prozessen und Wirkungen verbalen und nonverbalen Kommunizierens und Hinweise dazu, wie die in diesem Bereich vorliegenden wissenschaftlichen Erkenntnisse im Alltag umgesetzt werden können. Für alle, die mit anderen Menschen kommunizieren, ist es wichtig, an diesen Erkenntnissen teilzuhaben und zu wissen, warum bestimmte Strategien funktionieren oder nicht funktionieren.

Suggestive Kommunikation kann sowohl für ethisch positive als auch für negative Ziele eingesetzt werden. So läßt bereits die Öffentlichkeitsarbeit der Machthaber des Dritten Reiches viele der hier referierten Punkte erkennen – wenn diese Techniken auch vermutlich nicht immer vollständig bewußt eingesetzt wurden. Positive Ziele könnten sein, Menschen zu überzeugen, sich umweltgerechter zu verhalten, mehr Gesundheitsbewußtsein zu zeigen oder mehr Verantwortung für die Gesellschaft zu übernehmen.

Es gibt bereits viele Bücher, die auf eine recht oberflächliche Weise – und in einer laienhaften, bisweilen reißerischen Art – die Thematik der suggestiven Kommunikation abhandeln. Das vorliegende Buch hebt sich insofern davon ab, als hier professionell und seriös die verschiedenen Facetten suggestiver Kommunikation dargestellt werden. Damit ist dieses Buch auch relevant für all diejenigen, die ihr Gegenüber besser verstehen wollen.

Wenn Wissenschaft nicht nur die Funktion hat, Sachverhalte zu erklären und vorherzusagen, sondern auch aufklärend wirken soll, dann handelt es sich bei dem vorliegenden Buch um ein wissenschaftliches Werk im besten Sinne: Es hilft uns, bestimmte

Handlungen (und Fehlhandlungen) besser zu verstehen, und trägt damit letztlich auch dazu bei, Fehler zu vermeiden bzw. gegenzusteuern.

Es ist zu wünschen, daß dieses Buch über suggestive Kommunikation eine Aufklärungsfunktion erfüllen wird: Wer über die dargestellten Erkenntnisse verfügt, hat auch die wertvolle Fähigkeit, suggestive Kommunikation anderer zu durchschauen – wertvoll insbesondere dann, wenn diese Kommunikation zum Ziel hat, die Emanzipation, Friedfertigkeit und Gleichberechtigung anderer Menschen oder andere ethische Prinzipien zu gefährden.

Dieter Frey

Inhalt

Einführung 13

I. Suggestion durch Körpersprache 17
1. Direkte Anpassung 21
2. Indirekte Anpassung 22
3. Soziale Anpassung 23
4. Führen 24

II. Kommunikationskanäle 29
1. Verbale Schlüsselworte 29
   1.1 Durchblicken: Visuelle Prädikate 32
   1.2 Visuelle Satzkonstruktionen 32
   1.3 Aufhorchen: Auditive Prädikate 34
   1.4 Auditive Satzkonstruktionen 34
   1.5 Begreifen: Kinästhetische Prädikate 35
   1.6 Kinästhetische Satzkonstruktionen 35
   1.7 Duftnote: Olfaktorische Prädikate 36
   1.8 Olfaktorische Satzkonstruktionen 36
   1.9 Appetit: Gustatorische Prädikate 36
   1.10 Gustatorische Satzkonstruktionen 36
   1.11 Knackpunkt: Ambivalente Prädikate 37
   1.12 Möglichkeiten: Unspezifische Prädikate . 37

2. Nonverbale Sprachschlüssel 38
   2.1 Augenblicke 38
   2.2 Atmungsmuster 50

2.3 Stimmlage und Sprechtempo 51
2.4 Körperhaltung und Durchblutung 51
2.5 Gesten 53
2.6 Körperbau als Beurteilungskriterium? 54

3. Die gleiche Sprache sprechen 55
3.1 Bewußtseinsprädikate 55
3.2 Unspezifische Prädikate 58
3.3 Verbale Wiederholung 58

III. Verhaltensstrategien 59

1. Was sind Strategien? 59
2. Aufdecken von Strategien 62
2.1 Sprachenthüllung 63
2.2 Körpersprachliche Enthüllung 63
2.3 Enthüllen durch Fragen 66

3. Strategische Beeinflussung 68

IV. Reiz-Reaktions-Konditionierungen 71

1. Die klassische Konditionierung 71
2. Das Verankern von physiologischen Zuständen 72
2.1 Ankerinstallation 73
2.2 Verdecktes Ankern 76
2.3 Verdecktes Ankern in der Therapie 77
2.4 Anker höherer Ordnung 80
2.5 Systematische Intensitätsverstärkung 81

3. Anker in der verbalen Sprache 83
4. Suggestive Anker in der Werbung 86
5. Suggestive Anker in der Erziehung 87

6. Suggestive Anker im Verkauf 88
7. Ankern als Manipulation? 89

V. Suggestive Sprach- und Sprechhandlungsmuster 91

1. Aufmerksamkeit und Zustimmung 91
1.1 Bestätigende Aussagen 92
1.2 Lenken durch Fragen 94
1.3 Scheinbares Gedankenlesen 96

2. Nichts sagen – Alles sagen: Transderivationale Prozesse 97
2.1 Nominalisierungen 98
2.2 Unspezifische Verben 99
2.3 Unspezifische Substantive 100
2.4 Tilgungen 101

3. Verknüpfungen 102
3.1 Die «schwache» Konjunktion 103
3.2 Implizierte Kausative 103
3.3 Explizierte Kausative 104

4. Das steht schon mal fest! 105
4.1 Pseudo-Alternativfragen 105
4.2 Temporale Nebensätze 106
4.3 Organisatorische Mittel 107
4.4 Verben des Wahrnehmens 108
4.5 Kommentierende Adjektive und Adverbien 109

5. Dialektik 110

6. Verwirrung 112

7. Versteckte Anweisungen 114

8. Verneinte Appelle 116

9. Kleine Feinheiten 117
10. Verhüllte Fragen 118
11. Getarnte Aufforderungen 118
12. Gelenkter Widerstand 119
13. Metaphorische Sprachmuster 123

VI. Ausblick 125

VII. Anmerkungen 127

VIII. Literaturverzeichnis 135

IX. Stichwortverzeichnis 141

Einführung

Gehören Sie etwa zu den Menschen, die behaupten, sich von nichts und niemandem beeinflussen zu lassen? Beweise auf experimenteller Ebene machen deutlich, daß Beeinflussung bei nahezu jedem möglich ist. So erwähnte beispielsweise der Sozialpsychologe Robert B. Cialdini die Harvard-Untersuchungen von Ellen Langer, bei der jemand in einer langen Reihe stand, um das Fotokopiergerät zu benutzen. Hierbei fragte er die anderen, ob sie ihn nicht vorlassen könnten. Interessanterweise erhielt der Fragende – je nach Wahl seiner Worte – unterschiedliche Reaktionen. Die erste Begründung: «Entschuldigen Sie, ich habe nur fünf Seiten zu kopieren. Darf ich mich vordrängeln, weil (›because‹) ich wahnsinnig in Eile bin?» überzeugte 95 Prozent der Befragten; hingegen nur 60 Prozent, als er sagte: «Entschuldigen Sie, ich habe nur fünf Seiten zu kopieren. Darf ich mich vordrängeln?» Auf den ersten Blick scheint es, daß die Begründung der Eile den Ausschlag gab; doch eine dritte Version der Bitte zeigte, daß dies nicht der Fall war. Der Anstehende benutzte zwar die Konjunktion *weil*, fügte dem jedoch nichts Erklärendes hinzu: «Entschuldigen Sie, ich habe fünf Seiten. Darf ich mich vordrängeln, *weil* ich einige Kopien zu machen habe?» 93 Prozent der Befragten waren einverstanden, obwohl keine neue Information geäußert wurde. Anscheinend lag es nicht an der gesamten Folge von Worten, sondern nur an der Konjunktion.

So wie eine Truthahnmutter automatisch auf das *Tschipptschipp* ihrer Küken reagiert, auch wenn die Küken bloß ausgestopfte Imitationen sind, löste das Wort *weil* in Langers Versuchspersonen eine nachgiebige Haltung aus. (1)

Allein an diesem Beispiel kann man erkennen, daß die Reaktion eines Menschen in bestimmten Situationen nicht unbedingt

13

durch logische und vernünftige Argumente beeinflußt werden kann. In diesem Fall steuert der Sender den Empfänger durch gesprochene Worte – also einer verbalen Suggestion –, die sich auf das Wahrnehmen und Denken des anderen auswirkt.

Nach seiner etymologischen Herkunft bedeutet das Wort *suggerieren*: einflüstern, von unten herantragen, heimlich herbeibringen; im weiten Sinne ähnlich wie ein kühler Hauch unter einer verschlossenen Tür ins Zimmer dringt. Unter der Definition *Suggestion* schreibt der Dudenverlag in seinem Universal Wörterbuch knapp und präzise:

[Die] geistig-seelische Beeinflussung eines Menschen (mit dem Ziel, den Betreffenden zu einem bestimmten Verhalten zu veranlassen): jmds. Meinung durch S. manipulieren. (2)

Hierbei wird das Verhalten des Empfängers meist unterschwellig – also subliminal – gesteuert und in bestimmte Bahnen gelenkt.

Unter dieser Voraussetzung begann ich eine umfangreiche Sammlung von effektiven Suggestionen im Wachzustand zu entwickeln, wobei primär raffinierte verbale und nonverbale Kommunikationsformen gemeint sind, mit denen es Menschen immer wieder schaffen, den geistigen Widerstand des anderen – oder auch den eigenen – zu umgehen und logisch rationale Überzeugungen ins Wanken zu bringen; also Impulse oder Motivationen zu wecken, um einen Fernseher X zu kaufen, einen Politiker Y zu wählen oder sonst irgendwelchen Handlungen nachzugehen.

In dem Sinne ist es interessanterweise so, daß nahezu alle erfolgreichen Kommunikatoren aus den unterschiedlichsten Bereichen gewisse Ähnlichkeiten hinsichtlich ihrer strategischen Systematisierungen in der Kommunikation aufweisen können.

Da es unter Umständen der richtigen Wahl eines einzigen Wortes bedarf, um ein bestimmtes Verhalten des Gesprächspartners zu steuern, befasse ich mich in dieser linguistischen Arbeit unter anderem auch mit dem legendären Hypnotherapeuten Milton H. Erickson – denn im Zusammenhang mit bestimmten therapeutischen Sprach- und Kommunikationsformen verwendete er in der zweiten Hälfte seines beruflichen Lebens immer mehr strategische Ansätze von Suggestionen ohne formaler Hypnoseinduktion.

Ericksons Techniken und Strategien prägten viele Autoren, die ebenfalls in dieser Arbeit erwähnt werden. Dazu gehören – um die wichtigsten zu erwähnen: der Kommunikationsforscher Paul Watzlawick, dessen gegenwärtiges Forschungsinteresse in der pragmatischen Anwendung der Systemtheorie und des radikalen Konstruktivismus menschlicher Beziehungssysteme liegt; der Psychologe Ernest L. Rossi, der Familientherapeut Jay Haley, Richard Bandler und der Linguistikprofessor John Grinder – die Begründer des Neurolinguistischen Programmierens bzw. dessen Mitentwickler Robert Dilts. Doch sind neben Forschungsergebnissen der Hypnotik, Verhaltensforschung oder Neurolinguistik auch andere Gebiete Untersuchungsgegenstand meiner Arbeit, wie z. B. die Psycholinguistik, die Kybernetik, die Kinesik, die Rhetorik und die Dialektik.

Zu Beginn des Buches werden grundlegende Suggestiv-Elemente systematisiert, die für sich allein schon enormen Einfluß ausüben können, aber darüber hinaus auch für tiefgreifendere suggestive Vorhaben notwendig sind. Hiernach folgen weitere verbale und nonverbale Einflußstrukturen, die zwar einzeln für sich genommen wirksam sind, doch ihre Effizienz um das Vielfache erhöhen, wenn sie im gleichzeitigen Wechselspiel untereinander verschmelzen.

Die hier aufgeführten Suggestionsmuster finden ihre Verwendung zum einen in der Unterstützung zur positiven Entfaltung des Menschen, um im Hinblick seines geistigen Potentials kreativer und zuversichtlicher zu werden – beispielsweise in der Therapie, der Erziehung oder in der inneren Kommunikation mit sich selbst. Zum anderen entdeckt man aber auch dieselben überzeugungspsychologischen Muster in der Werbung, in der Politik oder im Verkauf, um andere zu beeinflussen oder auszunutzen. Aus diesem Grunde ist die Kenntnis solcher Techniken zweifellos von entschärfender Wirkung und bietet die Möglichkeit eines besseren Selbstschutzes.

I. Suggestion durch Körpersprache

Gerade in bezug auf Verhaltensmodifikationen des Menschen ist es durchaus wichtig, nicht nur die verbale Sprache zu untersuchen, sondern auch die nonverbale. Zu dieser Erkenntnis gelang schon Robert Rosenthal vor über 30 Jahren bei folgendem Experiment:
60 Ratten wurden in ein Labyrinth gesetzt und mußten lernen, dieses möglichst schnell zu durchlaufen. Zwölf Studenten betreuten je fünf Ratten und hatten die Aufgabe, die Ratten während der Versuchsreihe zu beobachten und Messungen durchzuführen.

Das Besondere an dem Experiment war aber, daß der einen Hälfte der Studenten gesagt wurde, daß sie besonders dumme Ratten zu trainieren hätten; dementsprechend erzählte man der anderen Hälfte der Studenten, daß sie besonders intelligente Ratten betreuen sollten.

Das Ergebnis war, daß die vermeintlich klugen Nager schneller lernten als die angeblich dummen Ratten.

Allein die Einstellung der Studenten zeigte kleine subtile Verhaltensunterschiede in der Körpersprache, wie z. B. Stimmlage, Sprachmodulation, oder auch wie der Student die Ratte anfaßte. Die kleinen Tierchen erkannten anscheinend Unterschiede, die dem gewöhnlichen Beobachter überhaupt nicht auffielen und ließen sich dadurch beeinflussen. (3)

In ähnlicher Hinsicht schreibt auch Paul Watzlawick über das angeblich sprechende Pferd «Hans» aus dem Jahre 1904, welches anscheinend in der Lage war, durch Klopfzeichen des Hufes mit der Menschenwelt zu kommunizieren:

Der Kluge Hans klopfte das Ergebnis mathematischer Aufgaben mit seinem Huf. Die Ergebnisse nichtnumerischer Aufgaben buchstabierte er, und zu diesem Zwecke hatte er das Alphabet auswendig gelernt und klopfte (nach Art der spiritistischen Medien) für a einmal, für b zweimal usw. (4)

Nach sorgfältiger Prüfung sachverständiger Wissenschaftler und Fachleute bestand kein Zweifel an der Intelligenz des Pferdes. Doch drei Monate später entdeckte Prof. Dr. Carl Stumpf (Mitglied der Sachverständigen-Kommission), daß das Pferd nur antworten konnte, wenn dem Fragenden – sei es nun der Besitzer des Hengstes oder eine fremde Person – die Lösung der Aufgaben selber bekannt war. Beim Anbringen von Scheuklappen, die den Zweck erfüllten, daß nur noch die Ziffern oder die zu zählenden Gegenstände zu sehen waren, versagte das Pferd.

Im Laufe des langen Unterrichtes muß der Hengst gelernt haben: kleinste Muskelbewegungen, vor allem subtile Veränderungen der Mimik, zu unterscheiden. Immer wenn der Lehrer unbewußt ein Schlußzeichen dachte, so erkannte dies auch das Pferd, das ja dann bei jeder richtigen Antwort mit leckeren Mohrrüben und Brot belohnt wurde.

Oskar Pfungst, der spätere Autor des Buches «Das Pferd von Herrn Osten (Der Kluge Hans)», gelang es nach einiger Zeit, die Bewegungsveränderungen des Fragestellers zu erkennen.

Letztendlich brauchte man dem Pferd keine Frage zu stellen – gemäß der gedachten Antwort reagierte der Vierbeiner auf die feinen nonverbalen Signale und fing an, sie zu erwidern. (5)

Doch nicht nur Pferde, sondern auch Menschen sind in der Lage, solch eine Beobachtungsgabe zu trainieren. Viele sogenannte Wahrsager schulen ihre Aufmerksamkeit dahingehend, daß sie von unscheinbaren Farbveränderungen der Haut, minimalen Bewegungen der Muskeln, des Körpers oder Veränderungen der Atmung und der Stimmlage auf eine bestimmte Physiologie schließen können:

Hierbei stellt der Wahrsager zunächst beiläufig ein paar Fragen, die das Ziel haben, sich auf die nonverbalen Ja- und Nein-Reaktionen des anderen einzustellen. Ist das geschehen, beginnt der Hellseher seine Äußerungen geschickt anzubringen und in binäre Klassen einzuteilen, damit der andere – erkennbar an feinen körpersprachlichen Veränderungen – nur mit Zustimmung oder Ablehnung antworten kann. Sagt der Hellseher beispielsweise: «Ich sehe eine Person, die in Deinem Leben eine wichtige

Rolle spielt ... es ist eine Frau ...» – dann reagiert der andere vielleicht mit einer nonverbalen Ja-Physiologie (weil er sich an eine Frau erinnert). Daraufhin kann der Wahrsager durch weiteres binäres Aufteilen immer weiter selektieren: «Sie ist älter/jünger als Du ...»; «Sie möchte Dir nahe/nicht besonders nahe sein ...»; «Sie ist glücklich/unglücklich ...». John Grinder schreibt dazu:

> Sowie Sie sich auf den Partner und seine Reaktionen eingestellt haben, können Sie mit dem sehr allgemeinen Begriff der «wichtigen Gestalt» beginnen. Jeder hat in seinem Leben irgendwelche wichtigen Personen [...]. Dann können Sie die binären Kategorien einsetzen. (6)

Falls dabei die Aussage nicht zutrifft (z. B. wenn sich der Betreffende keine Frau, sondern einen Mann vorstellt – erkennbar an der nonverbalen Nein-Physiologie), dann wird sich der Hellseher vielleicht an den Kopf fassen und sagen: «... Oh, warten Sie, ich sehe es jetzt deutlicher. Es ist ein Mann ...»

Diese Methode deckt Lebenserfahrungen eines Menschen auf, von denen man selber überhaupt nichts weiß. Dabei entsteht oft der Eindruck, daß der Fragende detailiertes Hintergrundwissen besitzt. (7)

Doch diese subtilen Reaktionen erkennen nicht nur Wahrsager; auch Hypnotherapeuten, Journalisten oder Verkäufer beherrschen diese Auffassungsgabe – teils unbewußt, teils antrainiert. So weiß z. B. ein Händler mit der beschriebenen Gabe genauestens, was den Kunden interessiert oder zusagt:

> Wenn Sie ein Geschäftsmann sind und sich auf Ja- und Nein-Reaktionen eingestellt haben, dann können Sie sofort erkennen, ob der potentielle Käufer dem, was Sie sagen, zustimmt oder nicht, auch wenn er nichts sagt. (8)

Ist der Verkäufer nun in der Lage, die physiologischen Veränderungen wahrzunehmen, dann weiß dieser schon weitaus früher, welche Argumente betont werden müssen und auf welche besser nicht eingegangen werden sollte.

So gesehen hat auch die Körpersprache (paralinguistische Elemente) einen prägnanten Stellenwert bei suggestiven Kommunikations-Mechanismen.

Dieser Ansicht ist auch M. Argyle, denn er fand heraus, daß die Wirkung eines Gesprächs, einer Präsentation oder eines Vortrags durch 93 Prozent paralinguistische Elemente (55 Prozent Körperhaltung, Gestik und Augenkontakte bzw. 38 Prozent durch Stimmlage) beeinflußt wird. Nur 7 Prozent der Kommunikation beruht auf dem Inhalt der gesprochenen Worte. (9)
Wenn nun dem Kommunikationspartner ein bestimmter Inhalt suggeriert werden soll, dann ist es folglich auch notwendig, ausschlaggebende körpersprachliche Signale auszusenden oder richtig deuten zu können, um eine tiefgreifende Wirkung zu erreichen.
Wie sieht es eigentlich aus, wenn Menschen, die sich gut verstehen, miteinander interagieren?
Berthold Ulsamer schreibt dazu:

> Wenn zwei Personen ein Gespräch führen, gleicht sich in Fällen guten Kontakts die Haltung ständig an. Es scheint fast ein Tanz in Zeitlupe, wie jede Veränderung des einen eine Veränderung des anderen bewirkt. Was neben der Körperhaltung von Bedeutung ist: Bei gutem Kontakt gleicht sich auch der Atemrhythmus unbewußt an.
> Ist der Kontakt dagegen schlecht oder konfliktbeladen, so zeigt sich das an gegensätzlicher und meist unbeweglicher Haltung. (10)

Die Körperbewegungen zwischen zwei Menschen sind aufeinander abgestimmt und ergänzen sich – sie sind komplementär. Je größer diese nonverbale wechselseitige Verständigungsbereitschaft, desto positiver die Kommunikationsatmosphäre.

> Nonverbales Pacing [Abstimmen o. Anpassen] ist ein sehr wirksamer Vorgang, den alle Menschen einsetzen, um miteinander in Kontakt zu kommen, eine gute Beziehung herzustellen und über diese Beziehung etwas zu bewirken. Wenn Erwachsene mit Kindern sprechen, gehen sie häufig spontan in die Knie [...] (11)

Milton H. Erikson, einer der wohl bekanntesten Hypnotherapeuten, der sich sein Leben lang mit Widerstandsverhalten in der Psychotherapie befaßte, merkt an:

> Der Rapport [empathische Kooperation] ist das Mittel, durch das sich der Therapeut ebenso wie der Patient die Aufmerksamkeit des anderen sichert.

Beide entwickeln eine «Ja-Haltung» zueinander, ein gegenseitiges Annehmen. (12)

Aus diesem Grund konzentrieren sich auch viele erfolgreiche Verkäufer – oft unbewußt – zuerst auf die Errichtung eines Vertrauensverhältnisses. Ist dieses nämlich erreicht, wird der Kunde nahezu alle gewünschten Informationen preisgeben und gerne mit dem Verkäufer kooperieren wollen.

Für das Herstellen eines positiven Kommunikationsflußes wollen wir uns zuerst mit grundlegenden Mustern beschäftigen, die schon für sich allein genommen sehr wirksam sind und eine nicht definierbare Vertrauensbasis hervorrufen. Das hat auf bestimmter Ebene zur Folge, daß die Beinflussungsannehmbarkeit des Empfängers sich noch weiter ausbaut.

1. Direkte Anpassung

Der körpersprachliche Selbstausdruck des anderen wird direkt – wie ein Spiegelbild – übernommen (adaptiert). Die Hauptelemente sind:

- Atmung (Tiefe oder gleiche Häufigkeit)
- Körperhaltung
- Körperbewegung (Mimik u. Gestik)
- Sprache (Lautstärke, Geschwindigkeit, Stimmlage, Rhythmus, Melodie, Dialekt und Pausen)

Durch diese Synchronisierung zeigt man dem Gesprächspartner, daß dieser respektiert wird, wobei man seine eigene Identität wahren kann: Der Empfänger bekommt Aufmerksamkeit suggeriert.

Möchte man nun eine positive Atmosphäre in einem Gespräch herstellen oder steuern, so ist darauf zu achten, daß solche Anpassungsversuche möglichst unterschwellig – also (für den Sender bewußt, doch) für den Empfänger unbewußt ablaufen; denn bemerkt der andere solche Versuche, so fühlt dieser sich durch den «nachäffenden» Sender angegriffen und die Kommunikation ist daraufhin gestört – wenn nicht sogar unterbrochen. (13)

2. Indirekte Anpassung

Diese Form ist noch etwas subliminaler als die vorher genannte Variation. Alle erfolgreichen Kommunikatoren, von Managern über Verkäufer, Pädagogen, Politiker bis hin zu Therapeuten, verwenden diese indirekten Anpassungen (Adaptionen) – meistens eher unbewußt –, um darauf aufbauend zu agieren.

Hier suggeriert man dem Empfänger aber nicht die Aufmerksamkeit durch ein Spiegeln der Haltung, sondern paßt sich mit einschränkenden oder indirekten Bewegungen an:

– Armbewegungen werden angepaßt durch kleine Hand- oder Fingerbewegungen ...

– Körperbewegungen werden angeglichen durch Kopfnicken oder Sprachfluß ...

– Wippende übereinandergeschlagene Beine werden angepaßt durch leichtes Schwingen mit einem Finger, der Hand oder ...

– Die Atmung wird angeglichen durch unscheinbares Schaukeln des Körpers, durch die Bewegungen der Hand oder des Fußes ...

– Sprachrhythmik wird angepaßt durch subtile Kopfneigungen nach links – rechts oder vorne – hinten ...

Natürlich ist es nicht so, daß die indirekten Spiegelbewegungen im selben Takt einhergehen müssen. Ein wippender Fuß – mit vielleicht zwei «Wips» pro Sekunde – kann mit einer unscheinbaren Kopfbewegung oder einem Lidschlag alle vier Sekunden angenommen werden.

Primär ist es anscheinend von großem Wert, wenn zumindest der Takt des anderen erkannt und in irgendeiner Weise nachvollzogen werden kann.

Wichtig ist, daß ihr frei *wählen* könnt, ob ihr direkt oder überkreuz spiegelt. Jemanden, der normal atmet, spiegelt mit eurem eigenen Atem. Einen Asthmatiker spiegelt mit der Bewegung eurer Hand oder etwas anderem. (14)

Auf der anderen Seite kann man seine hergestellten Anpassungen durch einen eigenen, andersartigen Takt auflösen und so eine Konversation auf elegante Weise beenden. (15)

3. Soziale Anpassung

Eigentlich findet Anpassung oder Kongruenz im alltäglichen Leben auf unterschiedlichsten Ebenen statt – ob Sie nun in angemessener Kleidung ein Vorstellungsgespräch, eine Beerdigung bzw. ein Theater aufsuchen oder ob Sie in einem Restaurant die gegebenen Tischsitten demonstrieren.

Viele große Staatsmänner griffen schon früher bewußt zu dieser Möglichkeit, um strategisch Ihre Ziele zu erreichen. So sagte auch Napoleon:

> Ich habe den Krieg in Vendee beendigt, indem ich katholisch wurde, [...] in Ägypten habe ich dadurch Fuß gefaßt, daß ich mich zum Mohammedaner machte, und die italienischen Priester gewann ich, indem ich ultramontan wurde. (16)

und selbst

Autoverkäufer werden beispielsweise darauf gedrillt, beim Inspizieren eines möglicherweise in Zahlung zu nehmenden Wagens nach Hinweisen auf Dinge zu achten, die etwas über den Kunden aussagen. Wenn sich beispielsweise Campingutensilien im Kofferraum des Autos befinden, könnte der Verkäufer später beiläufig erwähnen, daß er, wann immer sich die Gelegenheit bietet, raus ins Grüne fahre; wenn Golfbälle auf dem Rücksitz liegen, könnte er beiläufig seiner Hoffnung Ausdruck verleihen, daß sich das Wetter halte, damit er später noch zu seinem geplanten Golfspiel komme; stellt er fest, daß der Wagen in einem anderen Bundesstaat gekauft wurde, könnte er sich danach erkundigen, wo der Kunde herkomme, um dann – überrascht – festzustellen, daß er (oder sein Ehepartner) auch von dort stamme. (17)

Die Experimentalpsychologie hat auch schon vor langem die Neigung der Menschen nachgewiesen, von jenen Dingen angezogen und beeinflußt zu werden, die ihnen ähnlich oder vertraut sind. Robert B. Cialdini hat über viele Jahre diverse Persuasionsstrategien studiert und im Zusammenhang mit einem Forschungsprojekt über Verkaufstechniken von Versicherungsagenten herausgefunden, daß die Kunden viel eher bereit sind, einen Vertrag zu unterschreiben, wenn ihnen der Agent in irgendeiner Weise ähnlich ist – sich also sozial adaptiert. Beispielsweise im Alter, in der Religion, der politischen Meinung, den Rauchgewohnheiten, der Redeweise, den Vorlieben, den Ideen, den Hobbys, usw. (18)

> Die Kunden sind sich nicht bewußt, daß Verkaufsagenten speziell ausgebildet werden, ihre Sprache nachzuahmen und ihren Ideen zuzustimmen. Auf diese Weise wird genau jener zwischenmenschliche Kontakt hergestellt, der den Kunden zum Unterschreiben verführt. Im weiteren hat Cialdini nachgewiesen, daß mit diesen Kommunikationstechniken die Sympathie eines anderen Menschen gewonnen werden kann. Und den großen Erfolg einiger Werbekampagnen führt er darauf zurück, daß in ihnen Lebensstil und Redeweise des Zielpublikums widergespiegelt wird. (19)

Allein durch solche grundlegenden, subliminalen Adaptionselemente ist es möglich, einen Menschen stark zu beeinflussen, um ihn in verschiedenster Hinsicht führen zu können, wie z. B. bei Kaufentscheidungen oder beim Befürworten bestimmter Vorschläge. Darüber hinaus sind solche Elemente ein Grundstein, um weitere Suggestionsmittel anbringen zu können.

4. Führen

Hat man erst einmal einen positiven Kontakt hergestellt, so ist der andere bereit – bis zu einem gewissen Punkt – zu folgen.

Wenn ihr eine Person eine Zeitlang gut *gespiegelt* habt, könnt ihr sie in ein neues Verhalten *führen*, indem ihr das verändert, was ihr tut. (20)

So kann man beispielweise – aus paralinguistischer Sicht – den Atemrhythmus, den man selber adaptiert hat, etwas verlangsamen oder beschleunigen. Wenn genügend positiver Kommunikationsfluß erarbeitet wurde, dann folgt der Gesprächspartner unbewußt.

Richard Bandler berichtete über einen Katatonen:

> In Napa in der Psychiatrie saß ein Mann seit einigen Jahren auf einer Couch im Tagesraum. Die einzige Kommunikation, die er mir anbot, war seine Körperhaltung und seine Atemfrequenz. Seine Augen waren geöffnet, seine Pupillen erweitert. Also setzte ich mich auf einen Stuhl in seiner Nähe, in einem Winkel von ungefähr fünfundvierzig Grad von ihm abgewandt, und nahm genau die gleiche Körperhaltung ein wie er. Ich gab mir nicht einmal besonders Mühe, nahm einfach die gleiche Körperhaltung ein und saß eine dreiviertel Stunde da und atmete mit ihm. Dann probierte ich kleine Veränderungen in meiner Atmung, und er folgte mir darin. Daran merkte ich, daß ich zu diesem Zeitpunkt [...] [positiven Kommunikationsfluß] hatte. Ich hätte nach und nach meine Atmung weiter verändern können und ihn auf diese Weise da 'raus holen können. Statt dessen entschied ich mich, damit aufzuhören und ihn zu schocken. Ich rief: «Eh! Hast du eine Zigarette?» Er sprang von der Couch und sagte: «Mensch! Mach' doch nicht sowas!». (21)

Dieses Führen ist aber nicht auf den Atemrhythmus beschränkt. Aus Sicht der paralinguistischen Aspekte, kann ein wahlloses Verändern der Körperhaltung, Stimmlage, der Sprechpausen, ... den Gesprächspartner zu einem unbewußten Anpassen seinerseits verleiten.

> Wenn man sich auf jemanden einstellt, baut man eine unbewußte Biofeedback-Schleife auf, und in dem anderen ensteht die Tendenz, alles, was man tut oder sagt – egal, was – auch zu tun. Wenn Sie Sprechertempo und -rhythmus auf den Atemrhythmus des anderen abstimmen und dann behutsam anfangen, im Rhythmus langsamer zu werden, wird sich sein Atemrhythmus ebenfalls verlangsamen. Wenn Sie plötzlich ... einhalten, wird auch er den Atem anhalten. Wenn Sie also am Anfang Ihr Verhalten an das des anderen anpassen, verbal oder nonverbal, können Sie, indem Sie Ihr Verhalten variieren, das Verhalten des anderen beeinflussen. (22)

Ein Fallbeispiel:

Verkäufer: «Guten Morgen, Herr Schubert. Mein Name ist
(Herr Gleisberg) Gleisberg. Karl Gleisberg.»

Kunde: «Ah, Herr Gleisberg, von der Firma Schnacker.
(Herr Schubert) Setzen Sie sich doch bitte und machen es sich bequem.»

Verkäufer: *(Nimmt Platz, übernimmt die Körperhaltung direkt bzw. paßt sich der Satzintonation an und adaptiert den Takt der Sprachmelodie durch leichtes Kopfwippen, während er zuhört.)*
«Sie sagten schon am Telefon, daß eventuell ein Interesse besteht, noch weiter zu expandieren ...»

Kunde: «Ja, das stimmt. Die Nachfrage unserer neuen Kollektion steigt unaufhörlich.»

Verkäufer: *(Adaptiert die sich verändernden Bewegungen des Partners durch indirekte Handgesten und kopiert die Satzmelodie noch intensiver.)*
«Und das, obwohl die Experten mit dem Gegenteil gerechnet haben.»

Kunde: «Ja, das ist richtig.» ... (spricht weiter).

Verkäufer: *(Nimmt eine andere Körperhaltung ein und testet dadurch den Kommunikationsfluß. Der Kunde paßt sich dem an – was daraus schließen läßt, das ein positiver Kontaktfluß besteht.)*

Und nicht nur im Verkaufsbereich, auch im Alltag akzeptieren Menschen anscheinend viel eher Personen, mit denen sie sich durch paralinguistische und soziale Gemeinsamkeiten (z. B. Meinungen, Herkunft, Kleidung, Verhaltensweisen usw.) identifizieren können. Baut sich der Sender erst einmal eine Akzeptanz durch solche sozialen Adaptionsmittel auf, so ist es ein Leichtes, neue Ideen oder Verhaltensweisen zu zeigen, die daraufhin mit Nachahmung beantwortet werden.

Der Psychologe Robert O'Connor machte sich die soziale Adaption und das Führen zu eigen, um introvertierte Kinder, die furchtbar verschüchtert, abseits stehend, ihre gleichaltrigen Kameraden beim Spielen beobachteten, wieder einzugliedern. Er drehte einen Film, der elf verschiedene Szenen aus der Umgebung eines Kindergartens enthielt. Jede Szene begann damit, daß ein einzelgängerisches Kind gezeigt wurde, welches irgendeiner sozialen Betätigung zusah und sich dann – zur Freude aller – dieser Betätigung anschloß. Dann stellte O'Connor aus vier Kindergärten eine Gruppe der introvertiertesten Kinder zusammen und zeigte ihnen den Film. Daraufhin begannen diese Kinder sofort mit den Gleichaltrigen auf einer Ebene zu interagieren. Nach sechs Wochen gehörten die Kleinen zu den sozial Aktivsten in ihrer Gruppe. (23)

Es ist anscheinend wichtig, in den Darstellungsrahmen des anderen einzutreten, indem Ausdrucks- und Handlungsweisen des Weltbildes akzeptiert und übernommen werden.

[...] [Es] entsteht die Atmosphäre von Vertrauen, Verständnis und positiver Beeinflussung, die das «Manipulieren» und Führen seiner Handlungen ermöglicht. (24)

Allein solche suggestiven Vorgehensweisen machen es möglich, vermeintliche Widerstände zu umgehen und eine Ja-Haltung zu erzeugen, um beim Gegenüber einen gewissen Einfluß auf spezifische Entscheidungen zu bewirken. (25)

II. Kommunikationskanäle

1. Verbale Schlüsselworte

Der Mensch nimmt seine Umwelt auf verschiedene Weise wahr. Dafür benutzt er seine Repräsentationssysteme – die fünf Sinneskanäle:

Sehen
Visuelles System

Hören
Auditives System

Fühlen
Kinästhetisches System

Riechen
Olfaktorisches System

Schmecken
Gustatorisches System

Alle fünf Sinneskanäle verarbeiten zwar die ganze Zeit über Informationen, doch gelangt nur ein Teil davon ins Bewußtsein. Je intensiver die Repräsentation eines Sinneskanals, desto stärker das bewußte Erleben über diese Repräsentation.

Beim Lesen dieser Arbeit sieht man primär die gedruckten Worte auf dem Papier und nimmt die Lichtverhältnisse im Raum wahr (**a**). Andererseits kann die Aufmerksamkeit vielleicht auf die Raumtemperatur oder das Gefühl des Stuhles, auf dem wir sitzen, überwechseln (**b**). Daraufhin wäre es auch möglich, sich auf den Geruch der Luft, die uns umgibt, zu konzentrieren (**c**).

Graphisch könnte das folgendermaßen aussehen:

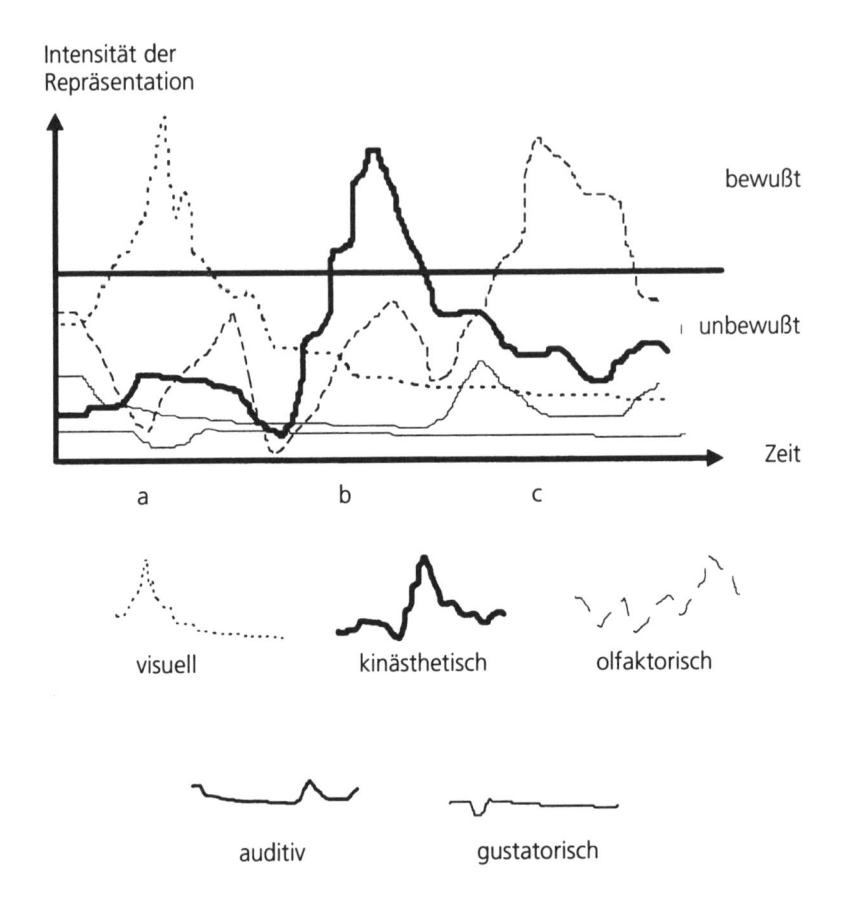

Die Darstellung zeigt, daß zum Zeitpunkt (**a**) das *visuelle* Repräsentationssystem den höchsten Signalwert hat – hierbei stellt die Mittellinie eine Schwelle zum Bewußtsein dar. Nur wenn die Intensität diesen markierten Wert überschreitet, wird die jeweilige Repräsentation bewußt wahrgenommen (Natürlich ist diese Grafik stark vereinfacht, denn jedes Repräsentationssystem besitzt seine eigene Bewußtseinsschwelle, die unabhängig von den anderen existiert). Im Moment (**b**) hat das *kinästhetische* Repräsentationssystem die höchste relative Intensität. Und zum Zeitpunkt (c) besitzt die *olfaktorische* Repräsentation den stärksten Signalwert und ist über die Schwelle des Bewußtseins getreten.

Das momentan aktivste sinnesspezifische System wird auch als *Primäres Repräsentationssystem* bezeichnet. Hierbei gibt es nun Indikatoren, um das momentan primäre Repräsentationserleben eines Gesprächspartners herauszufinden:

Die Prädikate, die Worte, die eine Person auswählt, um ihre Situation zu beschreiben – sofern sie durch ein Repräsentationssystem spezifiziert sind –, zeigen euch an, was ihr bewußt ist. Die Prädikate weisen darauf hin, welchen Teil ihres komplexen internalen kognitiven Prozesses die Person ins Bewußtsein bringt. (1)

Bei den Prädikaten handelt es sich in diesem Sinne um Prozeßworte, die den wesentlichen Inhalt eines Satzes vermitteln (wie z. B. Verben, Adverben, Adjektive).

Meistens bevorzugt jemand eine bestimmte Wahrnehmungsart, so daß für den einen Sehen wichtiger ist, für den anderen Hören, für den dritten Spüren. Je nach Situation wechselt meist die Wahrnehmungsart. (2)

Der Mensch, der in einer bestimmten Situation mehr visuell wahrnimmt, sagt vielleicht : «... Wenn ich auf diese Woche *zurückblicke*, dann scheint mir, daß ich meine *Vorstellungen* von einem bestimmten Ziel noch nicht *klar* und *deutlich im Auge* behalten konnte.»

Ein momentan mehr auditiv veranlagter Typ würde meinen: «Wenn ich mir die letzte Woche ins Gedächnis *rufe*, dann *frage* ich mich wirklich, ob das von mir gesetzte Ziel, nicht noch *harmonischer* mit meiner jetzigen Arbeit verlaufen könnte.»

Und eine Person mit kinästhetischer Perzeption könnte sagen: «Ich habe das *dumpfe Gefühl*, daß ich mein von mir gesetztes Ziel nicht *halten* kann.»

Gerade auch im zwischenmenschlichen Bereich entstehen oft Mißverständnisse, weil auf unterschiedlichen Sinnesebenen wahrgenommen und entschieden wird: «Schatz, ich *spüre* gar nicht mehr, daß Du mich liebst!» – «Das stimmt doch gar nicht. Ich *sage* es Dir doch täglich.» Beide reden aneinander vorbei und empfinden Unverständnis. Denn der eine Partner benötigt kinästhetische Liebesbestätigungen, um zu wissen, daß er akzeptiert wird, während der andere diese Beweise täglich auf verbaler Ebene äußert.

«Schatz, ich *spüre* gar nicht mehr, daß Du mich liebst!» – «Das stimmt doch gar nicht. Ich *sage* es Dir doch täglich.»

1.1 Durchblicken: Visuelle Prädikate

Augenweide, angesichts, Ausblick, Aussicht, Bild, beäugen, beobachten, bezeichnen, blicken, Durchblick, durchblicken, durchleuchten, Einblick, einblicken, Einsicht, einsehen, erscheinen, farbig, Fokus, fokussieren, glänzen, gucken, Horizont, leere Leinwand, leuchten, offensichtlich, Perspektive, perspektivisch, reflektieren, schauen, scheinbar, scheinen, sehen, Sicht, Sichtweise, strahlen, Szene, Überblick, verschwommen, Vision, visualisieren, Vorschau, vorausschauend, Vorstellung, vorstellen, zeigen, zugucken

1.2 Visuelle Satzkonstruktionen

Ich kann mir jetzt ein genaueres *Bild* machen.
Male es Dir selber *aus*.

Das *leuchtet ein*.
Den Gedanken *unter die Lupe nehmen*.
Eine aussichtsreiche *Perspektive* haben.
Das *sieht aus* wie ...
Das *sieht* nach einer guten Idee *aus*.
Ich *sehe* Deine Erregung.
Das ist ein interessanter *Blickwinkel*.
Wenn ich *zurückblicke*, kann ich *klar sehen*.
Einen *Überblick* bekommen.
Das *wirft* einiges *Licht* auf das Thema.
Da *sehe* ich *schwarz*.
Du drückst Dich so *verschwommen* aus.
Einen *Blick* erhaschen.
Ich brauche ein *klares Bild* vom Problem.
Ich *schaue* darauf *zurück* und lache.
Meiner *Ansicht* nach ...
Dies wird die Angelegenheit ein bißchen *aufhellen*.
Den *Durchblick* haben.
Du hast wohl *offensichtlich* ein kleines Problem.
Laß mal *sehen* ...
Es *erscheint* mir, als ob ...
Wie genau *stellst* Du Dir das *vor*?
Ich *blicke* nicht mehr *durch*.
Einen *Überblick* behalten.
Die *Schatten* des Zweifels verdunkeln sich.
Eine wahre *Augenweide*.
Ich respektiere Deine *Sichtweise*.
 Angesichts Deiner ...
Das ist doch völlig *klar*.
Das ist ein *einleuchtendes* und *farbiges Beispiel*.
Allein die *Vorstellung* ...
Er hat eine faszinierende *Ausstrahlung*.
Zeig mal ...
Eine *trübe Aussicht* haben.
Die Zukunft *sieht blendend aus*.

1.3 Aufhorchen: Auditive Prädikate

aufhorchen, ausplaudern, aussprechen, betonen, besprechen, diskutieren, dröhnen, dumpf, einstimmen, erklingen, fragen, Geräusch, geräuschvoll, Harmonie, harmonisch, hören, hörbar, Hörweite, jammern, Katzenjammer, klingen, lärmen, lauschen, laut, lautlos, monoton, Plappermaul, nachfragen, redegewandt, Rhythmus, rufen, sagen, Schall, schnurren, schrill, sprachlos, stimmen, Stimmung, summen, taub, Ton, Tonfall, tönen, übertönen, überhören, Unterton, verkünden, versprechen, verständlich, verstummen, zuhören

1.4 Auditive Satzkonstruktionen

Ich bin ganz *Ohr*.
Das hat einen negativen *Unterton*.
Auf der gleichen *Wellenlänge* sein.
Das *klingt* richtig.
Harmonisch leben.
Schnurren wie eine Katze.
Ich kann Deinen Unwillen *hören*.
Ich möchte, daß Sie sorgfältig auf das *hören*, was ich *sage*.
Das *klingt* nicht schlecht.
Da *läutet* bei mir eine *Glocke*.
Deutlich reden.
Viel *Tamtam* machen.
Ins eine *Ohr* rein, aus dem anderen wieder raus.
Den richtigen *Ton anschlagen*.
Lärm machen.
Die *Ohren volljammern*.
Auf *taube Ohren stoßen*.
Da *klingelt's* gewaltig.
Es *brummt* in meinem Kopf.
Das möchte ich noch einmal besonders *betonen*.
Irgend etwas *sagt* mir, daß es jetzt Zeit ist ...

Das *klingt* gut.
Das ist *Musik in meinen Ohren.*
Frage Dich, ob es richtig ist ...
Das *stimmt.*
Guter *Stimmung* sein.
Das Essen war ein *Gedicht.*
Hab' doch bitte etwas mehr *Verständnis.*
Höre genau auf die Antwort ...
Wort für Wort.
Aus dem *Takt* kommen.
Das muß ich noch genauer *nachfragen.*
Das *spricht* mich sehr an.
Stimmt das wirklich?
Unerhört!
Und das möchte ich in aller *Deutlichkeit sagen.*
Halte Deine *Zunge im Zaum!*

1.5 Begreifen: Kinästhetische Prädikate

anfassen, angreifen, aufgreifen, begreifbar, begreifen, Begriff, Berührung, Druck, dickfellig, drücken, einfühlsam, Fassungsvermögen, fest, festhalten, glatt, greifbar, griffig, halten, kalt, Kontakt, kratzen, rauhes Klima, rauswerfen, rubbeln, sanft, spüren, schieben, schwer, Schwere, Umfassung, ungutes Gefühl, warm

1.6 Kinästhetische Satzkonstruktionen

Ich *begreife* Dein Problem.
Nach einer Antwort *ringen.*
Es ist ein *schweres* Problem.
Zum alten Eisen *werfen.*
Durch *Mark und Knochen gehen.*
Ich möchte mit Dir in *Kontakt* treten.
Ein *heißes* Problem.

Und jetzt *halte* Dich fest ...
Ein *massiver Hintergrund.*
Das *spür'* ich.
Eine *feste Grundlage.*
Sie ist so *kalt* und unsensibel.
Die Oberfläche *ankratzen.*
In den *Griff* kriegen.
Ich habe das *Gefühl,* daß etwas passieren wird.
Ich *lege* dafür meine *Hand ins Feuer.*
Eine *griffeste* Lösung haben.
Ein *ergreifender* Vortrag.

1.7 Duftnote: Olfaktorische Prädikate

Aroma, aromatisch, beschnüffeln, Duft, duften, Duftnote, Geruch, Gestank, Mief, muffen, parfümiert, riechen, schnuppern, schnüffeln, stinken, Rauch, verduften, verraucht

1.8 Olfaktorische Satzkonstruktionen

Es *stinkt* bis zum Himmel.
Lunte *riechen.*
Ich kann ihn nicht *riechen.*

1.9 Appetit: Gustatorische Prädikate

Appetit, appetitlich, bitter, deftig, durchkauen, Geschmack, kosten, kauen, saftig, salzig, sauer, schmecken, süß, würzig

1.10 Gustatorische Satzkonstruktionen

Da wird er lange dran zu *beißen* haben.
Ein *süßes* Baby.
Eine *bittere* Pille *schlucken.*

Das Problem *schmeckt* ihm nicht.
Ein *beißender* Kommentar.
Da hat er lange dran zu *kauen*.
Ich bin auf den *Geschmack* gekommen.

1.11 Knackpunkt: Ambivalente Prädikate

Es gibt in bezug auf die Repräsentationssysteme auch ambivalente Prädikate. Das Adjektiv «zart» kann beispielsweise ein visuelles (V) oder ein kinästhetisches (K) Repräsentationssystem implizieren:

anfassen (V/K)
anspannen (V/K)
dunkel (V/A)
hell (V/A)
Klarheit (V/A)
Knackpunkt (V/A)
lecker (O/G)
rauh (V/K)
ruhig (V/A/K)
reflektieren (V/A)
stinkig (V/O)
verzerrt (V/A)

1.12 Möglichkeiten: Unspezifische Prädikate

Diese Prädikate sind neutral und passen in sämtliche Repräsentationssysteme:

anmerken, Behaglichkeit, bestimmen, bequem, bewerten, bewußt machen, denken, deuten, entscheiden, Entscheidung, erinnern, Erinnerung, fantastisch, glauben, glücklich, lernen, meditieren, meinen, Möglichkeiten, motivieren, Prozeß, Ruhe, teilnehmen, toll, traurig, überlegen, verändern, Veränderung, verstehen, Verständnis, wiedererkennen, wissen (3)

2. Nonverbale Sprachschlüssel

Die Prädikatenregeln gelten für einen Großteil von Menschen. Doch kann es natürlich auch sein, daß sich z.B. ein vorwiegend visuell eingestellter Mensch zu vielen Prädikaten und Redensarten anderer Repräsentationssysteme – ob kinästhetisch, auditiv, gustatorisch oder olfaktorisch – Bilder konstruiert oder diese vielleicht als geschriebene Wörter vor Augen sieht. Auch häufig benutzte ambivalente, unspezifische oder wiederholende Prädikate verschlechtern die Identifizierung des momentanen Primärsystems erheblich.

Um nun noch genauer festzustellen, auf welcher Ebene der andere gerade denkt, nehmen wir uns unterschiedliche nonverbale Zugangssignale zu Hilfe. Diese Signale tragen zur Fähigkeit bei, um das im Moment am höchsten bewertete Repräsentationssystem des Gesprächspartners zu bestimmen und sich dessen anzunehmen.

2.1 Augenblicke

Jeder Mensch bewegt seine Augen – je nachdem, welche Art von Denkprozeß gerade stattfindet – auf systematisch organisierter Weise in unterschiedliche Richtungen.

Auf welcher Wahrnehmungsebene oder in welchem Repräsentationssystem ein Mensch gerade mit etwas intern beschäftigt ist, kann man an seinen Augen ablesen. Beim Nachdenken, z.B. über eine Frage, bewegen Menschen ihre Augen mehr oder weniger deutlich sichtbar in unterschiedliche Richtungen. Eine genauere Prüfung ergibt dabei, daß die Augen, je nachdem, ob die Betreffenden intern mit Bildern, Geräuschen oder Gefühlen beschäftigt sind, in verschiedenen Ebenen des Gesichtsfeldes blicken. (4)

Diese angeborenen neurologischen Verbindungen zwischen Augenbewegungen und Repräsentationssystemen lassen erkennen, wie der Mensch Zugang zu Informationen bekommt. Jene Muster treten weltweit auf – mit Ausnahme der baskischen Region in den nordspanischen Pyrenäen (ob kulturelle oder genetische Faktoren das Phänomen begründen, ist nicht eindeutig erklärbar).

Würden Sie sich nun selbst als Leser die Frage stellen, was als erstes zu sehen wäre, wenn Sie durch ihre eigene Eingangstür das Haus betreten, so werden Ihre körperlichen und neuralen Systeme zu dieser Vorstellung justiert, um sich ein inneres Bild vom Eingangsbereich zu machen.

Falls Sie vor Ihrem inneren Auge ein Bild sahen, merkten Sie vielleicht, daß Ihre Augen dabei gegenwärtig defokussierten während Sie noch auf diese Seite starrten, so daß die gedruckten Worte sowie andere visuelle Außenwahrnehmungen unscharf wurden. Oder vielleicht schauten die Augen ganz von der Arbeit auf und blickten nach links oben (wenn Sie Linkshänder sind, dann war es vielleicht rechts oben). Oder Sie haben Ihre Augen einfach geschlossen, um sich an das Bild zu erinnern.

Menschen zeigen in ihrem Verhalten Zugangssignale, mit denen sie ihr Nervensystem darauf «einstellen», ein bestimmtes Repräsentationssystem auszuwählen, mit dem sie zu einem bestimmten Zeitpunkt irgendeinen Input aufnehmen und prozessieren wollen. Diese Zugangssignale sind ein ausgezeichneter Indikator für die Identifikation des Repräsentationssystems [.] (5)

Die automatischen, unbewußten Bewegungen der Augen begleiten oft bestimmte Denkprozesse. Damit weisen sie oft den Zugang zu dem momentan höchstbewerteten Repräsentationssystem.

Es folgt nun eine explizite Darstellung aus intrinsischer Perspektive, um die visuellen Zugangshinweise eines normal organisierten Rechtshänders (linke-dominante Gehirnhemisphäre) identifizieren zu können:

Visuell erinnerte Bilder

Augenbewegungen nach links oben reizen die rechte (nicht-dominante) Hemisphäre im Gehirn eines Rechtshänders, um einen Zugang zu visuell erinnerten – eidetischen – Bildern (Ver) zu bekommen.

Augen nach
links oben
(Ver)

Wenn ein normal organisierter Rechtshänder sich Erlebnisse oder Erfahrungen aus seiner Vergangenheit assoziiert, so blickt er meist nach links oben. Er sieht die erinnerten Bilder genauso, wie sie in Wirklichkeit wahrgenommen wurden.

Fragen, deren Beantwortung notwendigerweise visuelle Erinnerungen beinhalten, wären folgende:

- Welche Farbe haben die Augen Deiner Mutter?
- Was siehst Du durch Dein Küchenfenster?
- Wie hoch ist das Haus, in dem Du wohnst?
- Wie verlaufen die Streifen eines Zebras?
- Wo befindet sich der Ausschalter Deiner Kaffeemaschine?
- Wie sah Dein bester Freund oder Deine beste Freundin aus, als Du 19 warst?
- Welche Farbe hatte Deine erste Schultasche?
- Was siehst Du als erstes, wenn Du die Badezimmertür öffnest?

Falls diese Fragen eine sofortige verbale Antwort bekommen, ohne daß die Augen sich verändern, so kann man kompliziertere

Fragen stellen, etwa Vergleiche oder qualitative Perspektiven aus der Erinnerung:

- Ist die Augenfarbe Deiner Mutter heller oder dunkler als die Deines Vaters?
- Wie genau ist Dein Schlafzimmer eingerichtet?
- Ist der Ausschalter Deiner Kaffemaschine größer oder kleiner als Dein Klingelknopf an der Haustür?
- Wie viele Fenster befinden sich an der Südfront Deines Hauses?

Visuell konstruierte Bilder

Augenbewegungen nach rechts oben reizen die linke (dominante) Hemisphäre im Gehirn, um Zugang zu *v*isuell *k*onstruierten Bildern (Vk) zu bekommen.

Augen nach
rechts oben
(Vk)

Wenn man versucht, ein noch nie gesehenes Bild zu konstruieren oder zu imaginieren, dann bewegen sich die Augen beim normal organisierten Rechtshänder nach rechts oben.

Fragen, deren Beantwortung eine visuelle Konstruktion erfordern, wären:
- Wie würde es aussehen, wenn zwei blau-rot-gestreifte Elefanten in Deiner Küche frühstücken?
- Buchstabiere ein Fremdwort, mit mehr als sieben Buchstaben, rückwärts.
- Stelle Dir ein grünes Dreieck in einem rotem Kreis vor.

Visualisierte Bilder

Eine andere Möglichkeit, wie sich der normal organisierte Rechtshänder Visualisierungen (*er*innert, eidetisch (Ver) oder *k*onstruiert (Vk)) zugänglich macht, ist ein defokussiertes Starren (V) in einer Position (In-die-Ferne-schauen), wobei sich die Pupillen erweitern und die Gesichtsmuskeln entspannen.

Visualisierung **(V)**
(Ver/Vk)

Andererseits kann diese Augenhaltung aber auch ein *Synästhesieindikator* sein – also ein gleichzeitiges Überlappen von zwei oder mehreren Sinnen. Diese Sinneserfahrungen sind dann so überlagert, daß sie schwer voneinander unterschieden werden können. (6)

Diese Haltung ist oft bei Kindern zu sehen, welche die Zeit mit Hörspielkassetten verbringen: Einerseits hören sie die Geschichte, andererseits visualisieren sie die Handlung – verbunden mit kinästhetschen, olfaktorischen und gustatorischen Repräsentationen.

Auditiv erinnerte Klänge

Augenbewegungen in waagerechter Richtung nach links reizen die rechte (nicht-dominante) Hemisphäre des Gehirns und verschaffen dadurch Zugang zu *er*innerter *a*uditiver Erfahrung (Aer).

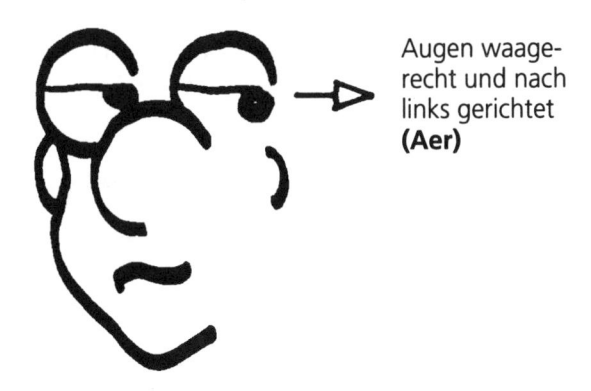

Augen waagerecht und nach links gerichtet
(Aer)

Dabei kann es sich um Klänge, Geräusche oder Tempoeigenschaften (tonale Elemente) oder Worte (digitale Elemente) handeln.

Fragen, deren Beantwortung eine auditive Erinnerung erfordern, wären:
– Welcher Hund bellt in Deiner Nachbarschaft am lautesten?
– Ist der fünfte Ton Deines Lieblingsliedes höher oder tiefer als der zweite?
– Wie ist der Ton, wenn der Wasserkessel pfeift?
– Wie klingt das, wenn eine bestimmte Freundin Deinen Namen sagt?

- Kannst du im Geiste Deinen momentanen Lieblingssong hören?
- Welches Geräusch macht Dein Wecker?
- Brummt der Automotor Deines Nachbarn höher oder tiefer als Deiner?
- Mit was für einem Text hat Dein Bekannter seinen Anrufbeantworter besprochen?
- Wie läutet Deine Hausklingel?
- Wie hört sich die Hupe Deines Autos an?

Auditiv konstruierte Klänge

Augenbewegungen in waagerechter Richtung nach rechts verschaffen sich Zugang zum konstruierten Auditiven (Ak).

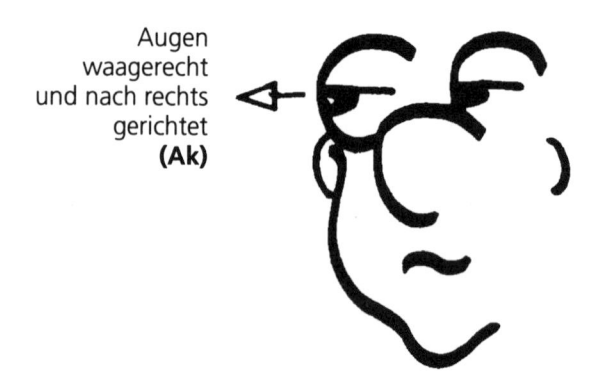

Augen
waagerecht
und nach rechts
gerichtet
(Ak)

Diese Stellung ist oft bei konstruierten Klängen, Geräuschen oder Tempoeigenschaften bzw. wenn etwas in Worte gefaßt wird, zu erkennen.

Fragen, deren Beantwortung eine auditive Konstruktion erfordern, wären:
- Wie würde es sich anhören, wenn alle Deine Nachbarn zur gleichen Zeit bellen und jaulen?

- Was für ein Geräusch würden zehn kleine Jungen machen, wenn sie gleichzeitig mit Holzstöckern gegen blecherne Mülltonnen trommeln?
- Wie würde sich eine Ziehharmonika anhören, die von einer Dampfwalze überfahren wird?
- Denke an Dein Lieblingslied in doppelter Geschwindigkeit.
- Wie würde sich Deine Stimme unter einem weichen Daunenkissen anhören?
- Wie klingt es, wenn ein Papagei spricht und dabei lispelt und stottert?
- Wie würde sich der Schrei eines Apfels anhören, der gerade zerschnitten wird?
- Denke an ein Naturschutzgebiet, wo mehrere Frösche ein Weihnachtslied quaken?
- Wie wäre es, wenn Deine Autohupe ein pompöses Schlagzeugsolo auslösen würde?

Auditiv digitale Klänge

Augenbewegungen nach links unten zeigen an, daß gerade ein *i*nnerer *D*ialog – ein Selbstgespräch (verbal/*d*igital) – geführt wird (Aid).

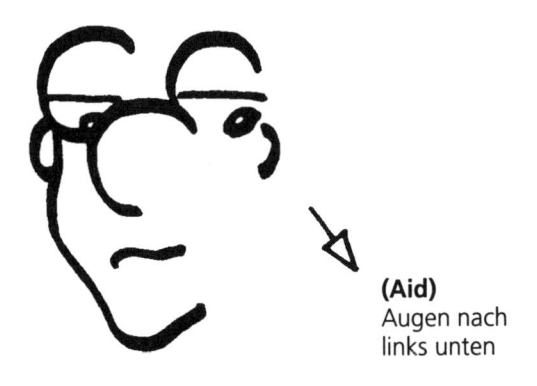

(Aid)
Augen nach links unten

Bei der sogenannten inneren Stimme steht man gerade in einem inneren Dialog mit sich selbst. Fragen, deren Beantwortung einen inneren Dialog aktivieren, wären:

– Sage Dir innerlich ein Gedicht auf!
– Wenn Du mit Dir selbst sprichst, wo kommt der Klang her?
– Singe im Stillen ein Weihnachtslied!
– Welchen Tonfall hast Du, wenn Du mit Dir selber sprichst?

Kinästhetische, olfaktorische und gustatorische Empfindungen

Der Zugang zu bewußten Gefühlen und Körperempfindungen (**K**), zu Gerüchen (**O**) sowie zum Schmecken (**G**), ist an der Augenstellung nach rechts unten erkennbar

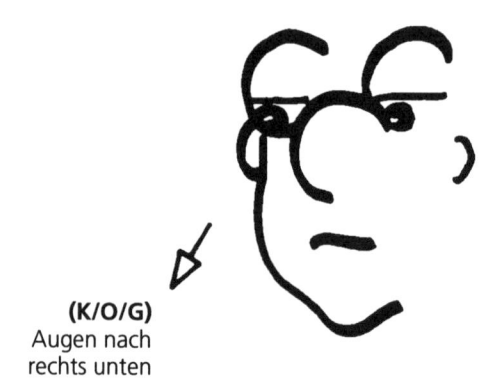

(K/O/G)
Augen nach
rechts unten

Wenn wir uns Körperempfindungen (taktil-motorisch), Gefühle (viszeral), Gerüche und Geschmäcker zugänglich machen, dann schauen wir typischerweise nach unten rechts.
  Da das kinästhetische Repräsentationssystem – im Vergleich zum Riechen und Schmecken – in den westlichen Kulturen häufiger genutzt wird, schließe ich von nun an das olfaktorische und gustatorische System in das kinästhetische «K» mit ein.

Fragen, deren Beantwortung den kinästhetischen Sinn (einschließlich Geruch und Geschmack) erfordern, wären:
- Wie fühlt es sich an, wenn Du mit nasser Kleidung spazierengehst?
- Welche Hand ist in diesem Moment wärmer, Deine linke oder Deine rechte?
- Wie fühlt es sich an, wenn ein Eiswürfel auf Deiner Hand schmilzt?
- Wie schmeckt es, wenn Du einen Löffel mit Honig probierst?
- Wie ist es, wenn Du Deine Hand in die mit Wasser gefüllte Badewanne steckst?
- Wie ist der Geruch in der Praxis Deines Zahnarztes?
- Was für ein Gefühl hast Du, wenn Du glücklich bist?
- Wie riecht das Fell eines nassen Hundes?
- Welcher Teppich ist in Deinem Haus am flauschigsten?
- Was schmeckt süßer: Eine reife Pflaume oder eine reife Erdbeere?
- Wie ist der Geruch in einem Raum, in dem gerade zwei Kerzen ausgeblasen wurden?
- Wie fühlt es sich an, wenn Du Deine Füße in ein dampfendes Fußbad tauchst?

Andere Augenbewegungsmuster

Die meisten Rechtshänder reagieren mit diesen beschriebenen Augenmustern.
 Bei vielen Linkshändern (aber auch bei einigen Rechtshändern) – bei denen die dominierende Gehirnhemisphäre nicht die linke sondern die rechte Seite ist – kann dieses Schema seitenverkehrt sein. Solch ein Mensch würde dann nach rechts schauen, um Zugang zu erinnerten Bildern und Geräuschen zu bekommen, weil er eine seitenvertauschte, zelebrale Organisation besitzt.

Die Muster der Beidhänder sind dagegen etwas unterschiedlicher strukturiert.

Zum Beispiel ist bei einigen Beidhändern die Visualisierung seitenvertauscht und *nicht* die Akustik und Kinästhetik bzw. umgekehrt. (7)

Doch nicht alle Rechts-, Links- oder Beidhänder weisen diese hier angeführten Strukturen auf:

Ihr werdet Leute finden, die in seltsamer Weise organisiert sind. Aber sogar jemand, der total abweichend organisiert ist, wird systematisch sein: seine Augenbewegungen werden eine Systematik haben, die für *ihn* gilt. Sogar jemand, der konsequent nach oben blickt, wenn er ein Gefühl hat, und konsequent nach unten, wenn er sich ein Bild macht, wird intraindividuell konsistent bleiben. (8)

Es gibt immer Ausnahmen, doch bleiben die Zugangshinweise einer Person immer konstant. Es ist wichtig, stets daran zu denken, daß das Modell an die Person angepaßt werden sollte und nicht umgekehrt. Durch bewußtes Fragen kann man sich diese Muster zugänglich machen; dabei darf man nicht zu voreilig urteilen:

Wenn ihr Fragen in Bezug auf das visuelle Gedächnis stellt und jemand blickt nach oben rechts, so könnt ihr nicht daraus schließen, daß er Linkshänder ist oder daß seine Zugangshinweise seitenvertauscht sind. Ihr könnt daraus nur schließen, daß er nach oben rechts blickt. Wenn ihr an dem Punkt weiter nachforschen wollt, so gibt es verschiedene Möglichkeiten. Die eine haben wir bei Susan erlebt, nämlich, daß sie eine seitenvertauschte zelebrale Organisation hat. Die andere Möglichkeit ist die, daß er sich Bilder aus der Vergangenheit konstruiert, so wie wir es bei Barbara gesehen haben. Wenn das der Fall ist, dann haben die Bilder nicht die Farbe, das Detail, die Kontextmarkierungen oder den visuellen Hintergrund wie ein tatsächlich eidetisch erinnertes Bild. Das ist ein wichtiger Unterschied. (9)

Sequenzen der Repräsentationssysteme

Oft kommt es vor, daß beim Zugang eines erfragten Repräsentationssystems eine Sequenz an Augenhaltungen, also eine bestimmte Reihenfolge an Repräsentationssystemen zu erkennen ist: Stellt man einem normal organisierten Rechtshänder eine Frage mit dem Ziel, diese auditiv konstruiert (Ak) zu beantworten wie z. B.:

– Was für ein Geräusch würde ein Klavier machen, das aus dem sechsten Stockwerk herunterfällt?

so kann es durchaus sein, daß der Betreffende sich diese Situation erst bildlich vorstellt ((Vk) o. (Ve)) und daraufhin das Geräusch konstruiert. Vielleicht muß er dies dann mehrere Male durchlaufen, damit er in der Lage ist, zu dem konstruierten Geräusch zu gelangen.

Wir bringen Informationen häufig durch ein Führungssystem in unsere Denkprozesse und wechseln danach oft in unser bevorzugtes Repräsentationssystem.

Nehmen wir uns beispielweise einen romantischen Restaurantbesuch mit zauberhafter Musik im Hintergrund:

Der eine gelangt durch das wohlriechende Menü über den olfaktorischen Sinneskanal zu seiner eindrucksvollen musikalischen Erinnerung. Hier wird das bevorzugte auditive System durch ein olfaktorisches Führungssystem zugänglich gemacht.

Dem anderen wird zuallererst die Musik bewußt, bevor er sich noch einmal das köstliche Essen gedanklich in Erinnerung ruft. Hier ist das Führungssystem auditiv und das bevorzugte System gustatorisch.

Ein anderes Beispiel wäre jemand, der als erstes die faszinierende Restaurantbegleitung vor Augen hat, um sich danach wieder in das prickelnde und knisternde Gefühl eines erotischen Abends hineinversetzen zu können. In diesem Fall ist das Führungssystem visuell und das bevorzugte System kinästhetisch.

> Das *Führungssystem* gibt Auskunft darüber, wie der Mensch intern Informationen abruft.

> Das *bevorzugte System* gibt Auskunft darüber, wie der Mensch die abgerufene Erfahrung intern erlebt. (10)

2.2 Atmungsmuster

Das Atmen ist ebenfalls ein ausgezeichneter Indikator, um festzustellen, welches bevorzugte Repräsentationssystem ein Mensch zu einem gewissen Zeitpunkt benutzt, um seine Erfahrung zu organisieren und zu repräsentieren – sowohl zur externen als auch zur internen Orientierung.

Durch die Atmung können wir unseren chemischen und biologischen Zustand tiefgreifend und sehr direkt verändern und damit unser Nervensystem beeinflussen. Verschiedene Atemfrequenzen und das Ausfüllen oder Ausdehnen verschiedener Zonen der Lungenhöhle involvieren Veränderungen in den meisten Körperprozessen. Verschiedene Muskelgruppen werden dabei eingesetzt, und die chemische Zusammensetzung unseres Blutes wird verändert. Unser Blut wiederum stellt das Medium dar, in dem unser Gehirn funktioniert. Wir haben herausgefunden, daß Atemveränderungen ein effektiver Indikator und Zugangsmechanismus für sinnesspezifische Zustände sind. (11)

Atmungsmuster des visuellen Zugangs

Begleiterscheinungen der visuellen Aufmerksamkeit sind: hohes und flaches Atmen in der Brust bzw. ein momentanes Aussetzen der Atmung.

Atmungsmuster des auditiven Zugangs

Die Begleiterscheinungen des auditiven Erlebens oder Zugänglichmachens bzw. des inneren Dialogs sind meist: eine gleichmäßige Zwerchfellatmung oder eine Atmung mit der gesamten Brust – oft begleitet mit einem verlängerten Ausatmen.

Atmungsmuster des kinästhetischen Zugangs

Beim kinästhetischen Erleben oder Zugänglichmachen setzt überwiegend eine tiefe und volle Bauchatmung ein. (12)

2.3 Stimmlage und Sprechtempo

Wahrnehmbare Veränderungen der Stimmqualität, wie Sprechgeschwindigkeit und verwendete Luftmenge beim Sprechen sind ebenfalls effektive Indikatoren und Zugangsmechanismen für sinnesspezifische Zustände.

Visuelles Prozessieren

- schnelles Sprechtempo
- schnelle Wortausbrüche
- hohe, nasale und/oder überspannte Tonlage

Auditives Prozessieren

- gleichmäßiges oder manchmal auch rhythmisches Tempo
- oft expressive, deutlich ausgesprochene Worte in einer klaren, resonanten Tonalität der Mittellage
- Wechsel von Stimmlage und Sprechtempo

Kinästhetisches Prozessieren

- langsames Sprechtempo mit langen Pausen
- tiefe, leisere und oft atmungsreiche Tonalität
(13)

2.4 Körperhaltung und Durchblutung

Mit den verschiedenen Atmungsweisen verändern wir häufig auch die Muskulatur und Position unseres Skeletts.

Visuelle Aufmerksamkeit

- Kopf wird hochgehalten
- Gesicht ist blasser als normal
- gedehnter Nacken
- gekrümmte Schultern
- Muskelspannung in den Schultern

Auditive Aufmerksamkeit

- gleichmäßige Muskelspannung
- geringfügige rhythmische Bewegungen
- das Gesicht ist mittelmäßig durchblutet
- Kopf ist oft nach einer Seite geneigt
- Schultern sind etwas herabhängend zurückgeworfen (Körperhaltung wie beim Saxophonspielen)
- Telefonhaltung (Kopf auf der Hand abgestützt und zur Seite geneigt)
- verschränkte Arme oder gefaltete Hände

Kinästhetische Aufmerksamkeit

Interne Repräsentation:

- Kopf nach unten geneigt
- allgemeine Muskelentspannung
- das Gesicht ist gut durchblutet
- Kopf sitzt fest auf den Schultern
- Schultern hängen häufig gerade herab

- bei starken internen Gefühlen sind eine starke Bauchatmung und expressive bis heftige Gesten zu erkennen
- leichter Rundrücken

Externe (taktil-motorische) Repräsentation:

- die gleichen Merkmale wie bei den Körperbewegungen der internen Repräsentation, doch ist der Körper mehr in Aktion und die Schultern werden breiter gehalten. (14)

2.5 Gesten

Der Mensch deutet häufig bewußt oder unbewußt auf die Sinnesorgane, um sich den Zugang zu einem Sinneskanal zu erleichtern oder diesen primär zu erleben.

Jemand sagt: «Ich erkannte die Wichtigkeit des Vorgangs» und deutet dabei auf sein Ohr – damit zeigt er auditive Repräsentationen an. Noch offensichtlicher verhält sich eine Person, die sagt: «Darüber hab ich nachgedacht, bis mir der Kopf dröhnte» und dabei mit einem Finger Kreisbewegungen um ein Ohr herum beschreibt. Oder jemand sagt: «Ich bemerkte Ihre Enttäuschung» und deutet dabei auf seine Augen oder «Lassen Sie mich einmal sehen» und reibt sich dabei seine Augen und seinen Nasenrücken. Sie können auch oft feststellen, daß jemand bei der Bemerkung «Dieser Film war wirklich intensiv» die Hände auf die Brust und über den Herzbereich legt. Oder jemand sagt «Das war wirklich lecker», wobei er seine Hände über den Bauch streicht oder sie über dem Bauch faltet.
Natürlich kommen diese Gesten auch ohne begleitende Verbalisierungen vor. (15)

Visuelles Prozessieren

- Berühren der Augen
- Deuten auf die Augen
- Gesten, die oberhalb der Augenhöhe gemacht werden
- Zeigen mit den Händen auf externe Gegenstände

Auditives Prozessieren

- Berühren oder deuten auf's Ohr
- Deuten auf Mund oder Kiefer bzw. Berühren derselben
- Gesten in Ohrhöhe

Kinästhetisches Prozessieren

- Berühren oder Deuten auf die Brust und den Bauchbereich, oft an der Mittellinie der Körperachse
- Gesten unterhalb des Halses
- offene Handflächen nach oben gewendet bei entspannt gebeugten Armen (16)

2.6 Körperbau als Beurteilungskriterium?

Menschen, die ihre Umwelt speziell mit einem bestimmten Repräsentationssystem aufnehmen – sich also spezialisiert haben – zeigen spezifische Zugangshaltungen, Atemfrequenzen und Muskelspannungen.

Das führt dann zu einer relativen Atrophie (Schwund) oder Hypertrophie (Vergrößerung) gewisser Muskelgruppen und beeinträchtigt den Stoffwechsel des Körpers. Wir haben festgestellt, daß gewisse Körpertypen tendenziell das primäre Repräsentationssystem eines Menschen reflektieren. Diese Körpertypen scheinen das Ergebnis eines Zusammenwirkens des erweiterten Gebrauchs von körperhaltungsbezogenen und anderen anatomisch sich auswirkenden Zugangsprozessen und der genetischen Ausstattung eines Individuums zu sein. (17)

- Ein dünner angespannter Körper ist charakteristisch für einen Menschen, der sich mehr visuell orientiert.
- Ein athletischer, muskulöser Körper ist charakteristisch für eine Person, die ihre Umwelt mehr kinästhetisch (im taktilen und motorischen Bereich) wahrnimmt.

- Ein voller, weicher Körper ist für Menschen charakteristisch, die mehr viszeral oder innerlich kinästhetisch prozessieren.
- Ein auditiv orientierter Mensch scheint zwischen allen bisher beschriebenen Körpertypen zu liegen. Oft scheint dafür die Haltung eines Saxophonspielers als charakteristisch. (18)

Dabei handelt es sich hier wohlgemerkt nur um Tendenzen, die nicht bei jedem Menschen, der ein Repräsentationssystem primär bevorzugt, erkennbar sind.

3. Die gleiche Sprache sprechen

3.1 Bewußtseinsprädikate

Ist man nun in der Lage, die verbalen Prädikate bzw. die nonverbalen Zugangshinweise zu erkennen, so ist es möglich, sich dem bevorzugten Repräsentationssystem des anderen anzupassen und effektiv zu kommunizieren – egal ob im Verkauf, in der Werbung oder im Therapiebereich. Gerade das Annehmen der Sprache des Gegenübers suggeriert eine Atmosphäre von großem Vertrauen, Verständnis und positiver Beeinflussung, die ein Manipulieren und Führen seiner Handlung ermöglicht. (19)

> Wenn ihr einen ersten Kontakt mit jemandem herstellt, so wird er wahrscheinlich in einem dieser drei wichtigsten *Repräsentationssysteme* [Sehen, Hören, Fühlen] denken. Innerlich wird er entweder visuelle Vorstellungen erzeugen, Gefühle haben, mit sich selbst sprechen und Geräusche bzw. Klänge hören. Eine der Möglichkeiten, sie zu erkennen, besteht darin, auf die Art der Prozeßworte (die Prädikate: Verben, Adverbien und Adjektive) zu hören, die er benutzt, um seine Erfahrungen zu beschreiben. Wenn man dieser Information Beachtung schenkt, kann man sein eigenes Verhalten steuern, um die Reaktion zu bekommen, die man möchte. Möchte man guten [...] [Kommunikationsfluß] bekommen, so kann man beim Sprechen die gleiche Art von Prädikaten benutzen, die der andere benutzt. Möchte man die andere Person verschrecken, so kann man absichtlich in den Prädikaten *danebentreffen* [...] (20)

Bewußtseinsprädikate

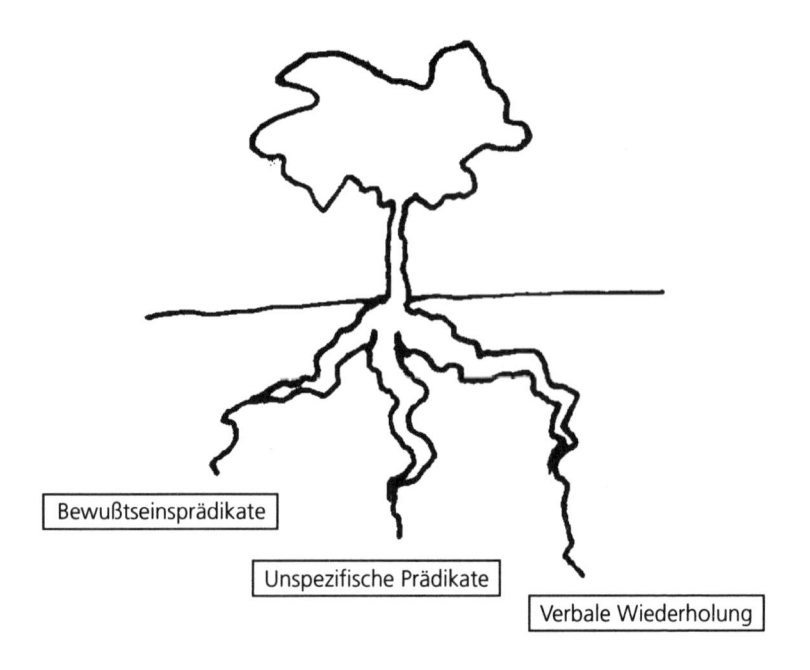

Unspezifische Prädikate

Verbale Wiederholung

Viele erfolgreiche Verkäufer, Psychotherapeuten, Manager und Pädagogen beherrschen die verbale Adaption durch sinnesspezifische Repräsentationsprädikate meist unbewußt. Erst nachdem Richard Bandler und John Grinder diese Kommunikationsfertigkeiten durch linguistische Analyse in Tradition der Transformationsgrammatik bei hervorragenden Therapeuten unterschiedlichster Richtungen bemerkten, machte man diese Erfahrungen auch weniger kommunikationspotenten Menschen zugänglich.

So werden mittlerweile Verkaufsseminare mit diesen Inhalten angeboten, damit der Kunde ein unterschwelliges Vertrauensverhältnis suggeriert bekommt.

> In Verkaufssituationen ist es beispielsweise sehr vorteilhaft, zu wissen, auf welcher Wahrnehmungsebene der Kunde sich befindet. Der Verkäufer kann sich auf diese Wahrnehmungsebene einstellen, z. B. die Bedürfnisse so sehen wie der Kunde, seine Sprache sprechen [...] (21)

Durch geschickte nonverbale und verbale Adaption vertraut der Kunde dem Verkäufer meist unbewußt.

Und dadurch werden einige deutliche, aber unbewußte Botschaften übermittelt: Wir haben vieles gemeinsam. Ich denke ähnlich wie du. Ich habe dieselben Wünsche wie du. In vielerlei Hinsicht bin ich wie du. Ich verstehe dich. Bei mir bist du sicher. Mir kannst du vertrauen. (22)

In diesem Stadium des *Vertrauens* kann der Verkäufer schon «notwendige Anschaffungen» unterbreiten, die für den Empfänger nach dessen Geschmack und Verständnis unwiderstehlich verpackt werden.

Der visuelle Käufer

Trifft ein Autoverkäufer auf einen primär visuell orientierten Kunden, so könnte er folgendermaßen präsentieren: «*Sehen* Sie nur diese aerodynamische Form und *stellen* Sie sich doch einmal *vor*, wie Ihre Nachbarn Ihnen *nachschauen*, wenn Sie mit diesem Wagen nach Hause fahren und Ihrer Frau zuwinken.»

Diesem Kunden müssen hierzu alle Neuerungen *gezeigt* und demonstriert werden, damit er sich zum Kauf entschließt. Denn so bekommt der Käufer die Informationen für seine Kaufentscheidung in seinem Wahrnehmungssystem – seiner Sprache – vermittelt.

Der auditive Käufer

Bei einem auditiven Kunden ist der Autohändler auf *hörbare* Demonstrationen fixiert, wie das *sanfte Klicken* der Zündschlüsseldrehung, das *leise Schnurren* des Motors, das massiv *dumpfe Schnappen* der formvollendeten Tür oder das fortschrittlich zarte *Surren* des elektrischen Fensterhebers – anstehende Argumente *hört* sich dieser Kunde gerne an, und läßt sich dadurch überzeugen.

Der kinästhetische Käufer

Steht ein Autoverkäufer einem primär kinästhetisch orientierten Kunden gegenüber, dann könnte er sagen: «Wäre es nicht wunderschön in diesen *weichen Ledersesseln* über die Straße zu rollen, während die *Hände das hölzerne Lenkrad umgreifen* und der *rechte Fuß mit einem leichten Druck* die Geschwindigkeit des 250 PS starken Kabrioletts kontrolliert? Dabei *weht ein kühler Wind um die Nase* ...» Darüber hinaus kann der Verkäufer dem Kunden anbieten, das entsprechende Produkt durch *Anfassen* oder *haptisches* Ausprobieren diverser Einzelheiten *taktil* zu erkunden. (23)

3.2 Unspezifische Prädikate

Eine weitere Form der Adaption in der Sprache ist das Verwenden von unspezifischen Prädikaten. Dabei nutzt man bewußt Verben, Adjektive, Adverben und Nominalisierungen, die in jedem Repräsentationssystem verstanden werden (siehe auch Kapitel II.1.12 – Unspezifische Prädikate). Die Person, welche gerade in einem spezifischen System wahrnimmt, macht sich die unspezifischen Prädikate auf ihrer Ebene zugänglich. Diesen Prozeß nennen Bandler und Grinder auch *Transderivationale Suche*. (24)

3.3 Verbale Wiederholung

Diese Form der Anpassung beruht auf dem Wiederholen prägnanter Begriffe oder Redewendungen des Gegenübers sowie der Art und Weise der individuellen Satzkonstruktion.

Geschickte Verkäufer wiederholen sogar ganze Satzpassagen des Kunden wortwörtlich (gerade auch dann, wenn sich der potentielle Käufer sehr negativ oder skeptisch über das Produkt ausläßt).

Durch diese Adaptionsform paßt sich der Sender an und erzeugt zusätzlich eine suggestive Ja-Haltung (siehe näheres in Kapitel V.1.1 – Bestätigende Aussagen). (25)

III. Verhaltensstrategien

In einem gewissen Sinne ist die Adaption, wie wir sie bislang kennengelernt haben, ein explizites Mittel, um Menschen «einzuschätzen» oder ihre «Gedanken zu lesen». Man weiß schon sehr genau, wie der andere auf diese Kommunikation reagieren wird. Diese Art der Synchronisierung reduziert den Widerstand zwischen dem Sender und dem Empfänger; darüber hinaus kann man solch ein Angleichen auch auf ganze Sprechsequenzen erweitern.

Die stärkste Form der Synchronisierung ist die kontinuierliche Präsentierung Ihrer Kommunikation in Sequenzen, die den unbewußten Prozessen Ihres Kommunikationspartners parallel laufen – eine solche Kommunikation nähert sich oft dem gewünschten Ziel der Unwiderstehlichkeit. (1)

Wenn wir nun diese Strategien oder auch Sequenzen analysieren, so gewinnt man noch effektivere Möglichkeiten, das Verhalten des anderen bewußter und gezielter zu beeinflussen.

1. Was sind Strategien?

Zerlegt man spezifische Denkvorgänge in ihre Bestandteile, dann zeigen sich Prozesse wie das äußere Sehen, das Hören auf den inneren Dialog, das viszerale Fühlen, usw. – also Aktivitäten der höchsten Intensität.

Einerseits sind wir in der Lage, die vorhandene Umwelt auf jedem Sinneskanal extern «e» (von außen) wahrzunehmen:

einen realen Baum sehen	Ve
das Blätterrauschen hören	Ae
die knorrige Baumrinde fühlen	Ke
die saftigen Blätter riechen	Oe
eine reife Kirsche essen	Ge

Andererseits ermöglicht uns der menschliche Körper auch noch
interne «i» Repräsentationen selber zu erzeugen.

innere (**k**onstruierte oder **e**idetische):

Bilder	**Vi** (**V**k,**V**er)
Klänge	**Ai** (**A**k,**A**er)
taktile/viszerale Gefühle	**Ki** (**K**k,**K**er)
Gerüche	**Oi** (**O**k,**O**er)
Geschmäcke	**Gi** (**G**k,**G**er)
innere digitale Dialoge	**Aid**

Interner Zugang eines
normal organisierten Rechtshänders

Visuell   **V**isuell
konstruiert   **e**rinnert

Auditiv   **A**uditiv
konstruiert   **e**rinnert

Kinästhetisch (**k**onstruiert/**e**rinnert)   **A**uditiv
(**O**lfaktorisch/**G**ustatorisch)   **d**igital

(rechts)   (links)

Eine Sequenz oder auch Strategie ist eine formale Struktur – völlig unabhängig von den Inhalten.

Eine Strategie beschreibt nur die Erfahrungsklasse, in der die Repräsentation stattfindet, und die Reihenfolge-Beziehung, die eine Repräsentation zu anderen Repräsentationen innerhalb einer Strategie hat. In den meisten Fällen bestimmt der *Inhalt* spezieller Repräsentationen innerhalb der Strategie lediglich die Eigenschaften des Resultats; die *Form* der Strategie bestimmt, welches Resultat erreicht wird und wie effizient und effektiv es erreicht wird. [...]

Da Strategien rein formal sind, kann ein Individuum mit derselben Entscheidungsstrategie eine Vorspeise aus einer Speisekarte auswählen, eine Entscheidung über einen Hauskauf treffen, Schritte zur Disziplinierung seines Kindes und seine nächste Bundestagswahlentscheidung festlegen. Der Mensch kann also dieselbe Sequenz von Repräsentationssystemen für Test- und Handlungsprozeduren für jede Art von Entscheidung benutzen; nur die Inhalte ändern sich.

Das gilt auch für Strategien des Lernens und der Motivation. Ein Bankangestellter kann die Motivationsstrategie, die er morgens beim Aufstehen anwendet, zum Kauf eines Autos, zur Investition von Geld, zur Veränderung seines Lebensstils oder dazu benutzen, aus dem Krankenhaus entlassen zu werden. (2)

Egal, ob man lernt, sich an etwas erinnert, sich motiviert oder kommuniziert, das Ergebnis beinhaltet immer eine systematisch geordnete Reihenfolge von sinnesspezifischen Repräsentationen. Strategien organisieren das menschliche Verhalten.

Die meisten Menschen haben nur eine kleine Anzahl von Strategien für alle möglichen Dinge. Sie benutzen für alles, was sie tun, den gleichen Typ von Strategie, und das hat zur Folge, daß sie manchmal gut klarkommen und manchmal nicht so gut. Wir haben herausgefunden, daß die meisten Menschen nur drei oder vier grundlegende Strategien haben. Ein wirklich flexibler Mensch kann ein Dutzend haben. (3)

Doch wie erkennt man diese Strategien oder Sequenzen?

2. Aufdecken von Strategien

Es gibt eine Vielzahl von Interaktionen, bei denen der Gesprächspartner explizit angibt, mit welcher Strategie oder Sequenz er sich entscheidet. Robert Dilts formuliert es folgendermaßen:

> Wenn ein Mensch mit Ihnen über ein Problem redet oder über ein Ziel, das er erreichen will, oder über irgendeinen anderen Erfahrungsaspekt, dann wird er explizit (verbal und nonverbal) die Strategien demonstrieren, die gewöhnlich benutzt werden, um diese Erfahrungen zugänglich zu machen und ihr Sinn zu verleihen. (4)

Natürlich bedarf es einer gewissen Übung, um mit den Prädikaten und den nonverbalen Zugangssignalen eine Strategie zu entschlüsseln, doch gibt es schon etliche Verkäufer, Rechtsanwälte, Mediziner, Therapeuten, Pädagogen, Werbepsychologen und Manager, die – bewußt – die Strategien des anderen synchronisieren.

Wenn wir das Verkaufsgespräch von Seite 26 weiter verfolgen würden, dann könnte man durchaus die relevante Entscheidungsstrategie des Kunden (Herr Schubert) anhand der primären Sinnesprädikate entschlüsseln:

Kunde: Herr Gleisberg, bevor ich mich richtig entscheide, muß ich immer erst das Produkt von allen Seiten *betrachten*. Dann *frage* ich mich, ob es irgendeinen gewinnbringenden Nutzen für die Firma haben könnte, bevor ich das Ganze *aufgreife*.

Die Entscheidungsstrategie hat folgende Form:

$$V > Aid > Ki$$

Dabei ist es in diesem Fall fraglich, ob der erste Schritt (V) nun das Aufnehmen der Informationen von außen (Ve) oder von innen (Vi(Ver/Vk)) beinhaltet. Nicht immer ist genügend Zeit vorhanden, um dann gezielt weitere Informationen zu sammeln. Dementsprechend stimmt zwar der Leitspruch: je expliziter die Strategieevokation desto effektiver die Beeinflussung – doch reicht es oft schon aus, das vorhandene Repräsentationssystem in der oben beschriebenen «einfachen» Weise zu reflektieren.

Die Entscheidungsstrategie von Herrn Schubert wiederholt sich bei sämtlichen Gesprächsthemen in ähnlicher Weise. So auch der Small-Talk in Sachen Freizeitinteressen:

Kunde: Ich habe gestern eine Vorschau vom Gruselfilm XY *gesehen*, worauf *ich mir gesagt* habe: «Donnerwetter, ganz schön raffinierte Spezialeffekte. Genau das Richtige, damit einem mal wieder ein ordentlicher *Schauer über den Rücken läuft.*»

2.1 Sprachenthüllung

Wie in dem Verkäuferbeispiel können einige Strategien verbal aufgedeckt werden. Falls ambivalente oder unspezifische Prädikate das Ganze verschleiern, so können diese durch nonverbale Signale (siehe Körpersprachliche Enthüllung) entschlüsselt werden.

2.2 Körpersprachliche Enthüllung

An paralinguistischen Zugangssignalen wie Augenzugangshinweise oder Veränderungen des Atmungsmusters, der Stimmlage, des Sprechtempos, der Körperhaltung, des Muskeltonus' bzw. der Gesten, läßt sich leicht herausfinden, wo sich der Denker gerade befindet und auf welcher Ebene er prozessiert.

Hätte man die Möglichkeit gehabt, Herrn Schubert bei seinen Aussagen zu beobachten, so wäre das Aufdecken dieser Strategie natürlich noch weitaus einfacher gewesen. Hierbei gehe ich in diesem wie in sämtlichen folgenden Beispielen von den Augenzugangssignalen des normal organisierten Rechtshänders aus, weil ein überwiegender Teil der Bevölkerung dementsprechend strukturiert ist:

Vielleicht schaute er kurz auf die Produktbeschreibung, dann hielt er möglicherweise inne und schaute hoch (V). Hiernach wanderten seine Augen nach links unten, wobei der Kunde vielleicht mit der Hand das Kinn berührte (Aid). Letztendlich bewegten sich die Augen möglicherweise mit einem tiefen, leisen Seufzer kurz nach rechts unten (Ki):

- Herr Gleisberg, bevor ich mich richtig entscheide, muß ich immer erst das Produkt von allen Seiten *betrachten*. (Verkaufsgespräch)
- Ich habe gestern eine Vorschau vom Gruselfilm XY *gesehen*, ... (Kinogespräch)

- Dann *frage* ich mich, ob es irgendeinen gewinnbringenden Nutzen für die Firma haben könnte ... (Verkaufsgespräch)
- ... worauf *ich mir gesagt* habe: «Donnerwetter, ganz schön raffinierte Spezialeffekte. (Kinogespräch)

- ... bevor ich das Ganze *aufgreife*. (Verkaufsgespräch)
- Genau das Richtige, damit einem mal wieder ein ordentlicher *Schauer über den Rücken läuft*.» (Kinogespräch)

2.3 Enthüllen durch Fragen

Wenn bei dem Gesprächspartner keine unbewußten Strategien (bzw. nur Teilstrategien) – durch verbale oder nonverbale Indikatoren – erkennbar sind, gibt es eine weitere Möglichkeit, die Sequenzen zu entschlüsseln. Durch bestimmte Fragestellungen ist es nämlich ebenfalls machbar, die Strategie des anderen verbal und nonverbal zu evozieren. Dabei ist es zunächst von großer Bedeutung, den Anfang einer Sequenz zu ermitteln, um von da aus bequem weiterfragen zu können:

- ... und was machten Sie danach?
- ... und was passierte darauf?
- Nachdem Sie dieses Bild, Gefühl oder Geräusch hatten, was war das nächste – was passierte danach? Haben Sie sich in Gedanken etwas vorgestellt (V), mit sich selber geredet (Aid) oder bestimmte Gefühle (K) empfunden?

Um an den Anfang zu gelangen sind Fragen hilfreich, die den Empfänger in den betreffenden Strategiezustand leiten. Wenn beispielsweise eine Entscheidungssequenz ermittelt werden soll, dann ist es nützlich, den Empfänger in ein ehemaliges Entscheidungserlebnis zu bringen.

Fragen, die einem dazu verhelfen, Motivations-, Problemlösungs-, optimale Lern-, Entscheidungs- oder Kreativitätsstrategien usw. zu evozieren, wären folgende:

- Können Sie sich an eine Zeit erinnern, als Sie voll und ganz motiviert waren (schnell lernen konnten, stark auftraten, andere überzeugten, ...)? Gibt es eine konkrete Gelegenheit, an die Sie sich jetzt erinnern können?
- Was hat dazu geführt, daß Sie sich richtig entschieden haben (so stark motivierten ...)?
- Wie genau ist das, wenn Sie sich entscheiden, motivieren ...?
- Woran erkennen Sie, daß Sie sich positiv für etwas entschließen?

- Was würden Sie tun, wenn Sie jetzt eine richtige Entscheidung treffen müßten?
- Gab es einmal eine Zeit, in der Sie sich richtig motivieren konnten? Was war das allererste, das Sie gesehen, gehört oder gefühlt haben?

Es ist sehr hilfreich zu wissen, daß meist ein externer Reiz die Sequenz auslöst und ablaufen läßt:
Als generelle Regel gilt, daß Sie den externen Initialstimulus finden sollten, der die Strategie auslöst (die dann sowohl interne wie externe Erfahrungskomponenten beinhalten kann). (5)
Dabei sollte der Betreffende sich in einem vollen assoziierten Bewußtseinszustand befinden. Was bedeutet, daß der Partner sich an Situationen des Motivierens, des Entscheidens usw. erinnert und das Ganze aus seinem Blickwinkel, aus seiner Körpersicht (von innen heraus), reaktiviert – also nicht wie er sich selbst in einem vergangenen Erlebnis sieht und sein Handeln als Außenstehender beobachtet.

Sehr oft antwortet der Befragte auch, indem er unbewußt nur den letzten Schritt seiner Strategie preisgibt:
- Ich *sage mir* einfach, daß es an der Zeit ist anzufangen.
- Ich fange kurzerhand an, mich motiviert zu *fühlen*.
- Ich *sehe* halt plötzlich, daß es notwendig ist, den ersten Schritt zu tun.

In solchen Fällen kann man durch Fragen wie:
- Was passierte bevor Sie Ihrer *Stimme*, Ihrem *Gefühl*, ... vertrauten und daraufhin anfingen zu handeln?
- Woher wissen Sie, daß ...?

bequem rückwärts bis zum Auslöseschritt gelangen.
Falls auch hier ambivalente oder unspezifische Prädikate vorherrschen und es auch schwierig ist, die nonverbalen Zugangssignale zu deuten, so entgegnet man bei der Aussage: «Nun, ich beginne einfach.», «Also, ... ich weiß es einfach.» usw. mit:

– *Wie genau* beginnen Sie?
– *Woher wissen* Sie es so genau?

Durch diese systematische Frageform gelangt man oft zu dem Resultat, daß der Empfänger seine Strategierepräsentationen zumindest durch nonverbale Zugangsindikatoren verdeutlicht.

3. Strategische Beeinflussung

Wenn man seine Information nach der Strategie des anderen verpackt, dann ist die Kommunikation mit dem Partner maximal kongruent.

Die Spiegelung der Denkprozesse einer Person durch ihre Kommunikation wird in vielen Fällen das von Ihnen vorgeschlagene Resultat für diesen Menschen *unwiderstehlich* machen. *Ein Mensch kann nicht nicht auf seine Strategien reagieren.* (6)

Möchte man den Kunden (Herr Schubert – siehe S. 62 ff. **V > Aid > Ki**) bei seiner Entscheidung beeinflussen, so ist es zuerst ausschlaggebend, daß er diese Person deutlich *sieht* oder sich ein *Bild* darüber machen kann, worüber man redet; bei dieser Person ist es überflüssig, lange zu erklären oder ihn in entsprechende Gefühle hineingehen zu lassen. Danach läßt man ihn *innerlich* über das Gesehene *reden*. Schließlich vergewissert man sich, daß dieser Gedanke auch *gefühlsmäßig überprüft* wird.

Wenn der erfahrene Verkäufer (Herr Gleisberg) sein Produkt nun genauer anpreist, so adaptiert er die Strategieschritte des Kunden folgendermaßen:

| Verkäufer: | Herr Schubert, wenn Sie unsere Broschüre genau *anschauen*, dann ist allein daraus *ersichtlich*, daß unser Produkt Ihre vorhandene Angebotspalette bestens ergänzt. Eine ideale Voraussetzung, um *sagen* zu können, daß dadurch bei den Kunden sowie auch bei Ihnen selber ein *Gefühl der Zufriedenheit* entsteht. |

Das Ganze kann man natürlich auch nonverbal unterstützen, um den Effekt zu verstärken: So könnte Herr Schubert bei der Strategiepräsentation die Hände zur Hilfe nehmen und die visuelle Aufmerksamkeit des Kunden (falls der ihm gegenüber sitzt) durch Handbewegungen einfangen und dann nach rechts oben bewegen – der andere wird dann nach links oben blicken (Zugangshaltung für Ansehen). Wenn nun eine Aid-Aufmerksamkeit geschaffen werden soll, so dirigiert man die Hand nach rechts unten – also für den Gesprächspartner links unten usw.

Bei Beherrschung solcher nonverbalen Manöver und der Fähigkeit zu führen, ist es auch möglich, unspezifische Verben zu benutzen:

> Ich kann unspezifische Worte benutzen, wie «verstehen» oder «glauben» und euch nonverbal mitteilen, in welchem Sinneskanal ihr «verstehen» sollt. Zum Beispiel könnte ich zu euch sagen: «Ich möchte Sicherheit darüber haben, daß ihr *versteht* (gestikuliert nach unten links, von den Zuschauern aus gesehen), was wir bis jetzt gemacht haben.» Meine Geste ist für euch ein unbewußter Hinweis darauf, daß ich möchte, daß ihr es auditiv versteht. (7)

Ist erst einmal die Entscheidungsstrategie eines Menschen expliziert, so kann man diese Person bei diversen Vorhaben – vom Autokauf bis hin zum Kinobesuch – beeinflussen. Dabei besitzt der letzte Schritt einer Strategie meistens den gewichtigsten Stellenwert, da dieses Repräsentationssystem der letzten Sequenz (das Referenzsystem) über Handlung und Aktion entscheidet. (8)

IV. Reiz-Reaktions-Konditionierungen

1. Die klassische Konditionierung

Am Ende des 19. Jahrhunderts entdeckte der russische Physiologe Iwan Petrowitsch Pawlow die grundlegende Technik der Konditionierungstheorie: Hunde, die saftiges Fleisch vorgesetzt bekamen, reagierten darauf mit vermehrtem Speichelfluß. Nun ließ Pawlow jedesmal eine Glocke läuten, wenn er einem Tier das Futter gab. Damit verband er die beiden Dinge miteinander und konnte die Speichelflußreaktion auf den auditiven Reiz umlenken. Allein durch das Ertönen der Glocke erzeugte Pawlow im nachhinein einen vermehrten Speichelfluß beim Hund. (1)
Es wurde also ein interner Zustand mit einem externen Reiz gepaart. Dabei beschränkt sich dieser nicht nur, wie in unserem Beispiel, auf auditive Reize, sondern funktioniert ebenfalls bei visuellen, kinästhetischen, olfaktorischen und gustatorischen Stimuli. Ist erst einmal eine Paarung zwischen Reiz und Reaktion hergestellt, so kann man die interne Erfahrung durch den externen Reiz willentlich auslösen: der externe Stimulus ist mit einem internen Reiz gepaart. Unter anderem zeigte folgender Versuch, daß die Konditionierung auch beim Menschen funktioniert:

> Drei Patienten mit Harnblasenfisteln lernten in einem Konditionierungsversuch, daß bei zunehmendem Blasendruck (... Zufuhr von physiologischer Kochsalzlösung) gleichzeitig ein sichtbares Manometer über ihrem Krankenbett den Druckanstieg [...] anzeigte. Nach Abschluß der Lernphase wurde nur noch der [...] Anstieg des Manometerdrucks angeboten, ohne daß der Blaseninnendruck wirklich erhöht worden wäre. Die Patienten verspürten dennoch einen intensiven Harndrang, verbunden mit Veränderungen der Atmung, Anstieg der Urinausscheidung und Kontraktion des Blasenmuskels. [...] Zeigte das Manometer umgekehrt auf Null, so mußte der Blaseninnendruck auf das Doppelte erhöht werden, bis Harndrang und Urinieren zustande kamen. (2)

Einige Jahre nach Entwicklung der Konditionierungstheorie Pawlows, übersetzte der Psychologe Gregory Razran dessen Werke ins Englische. Seitdem fand nicht nur die westliche Psychologie Gefallen im Umgang und in der Verfeinerung dieser Technik: von der Werbung bis hin zur Erziehung entstanden Formen von Suggestionen, dessen Ursprünge von der klassischen Konditionierungstheorie Pawlows abzuleiten sind*. (3)

2. Das Verankern von physiologischen Zuständen

Viele emotionale Zustände aus der Vergangenheit werden durch spezifische Assoziationen mit bestimmten Dingen verbunden und dadurch wieder zugänglich gemacht. So gibt es Musikstücke, Fotos, diverse Gegenstände, Gerüche, Worte, Gesten usw., die bestimmte Erinnerungen hervorrufen können:

> Jedes Erleben setzt sich aus zahlreichen Komponenten zusammen: visuellen, auditiven, kinästhetischen, olfaktorischen und gustatorischen: Der Begriff «Verankern» bezieht sich auf die Tendenz jeder einzelnen dieser Komponenten, das gesamte Erleben zu reaktivieren. Sie haben alle einmal erlebt, daß Sie eine Straße entlanggingen und plötzlich einen bestimmten Geruch in der Nase hatten – plötzlich waren Sie zurückversetzt in eine andere Zeit und an einen anderen Ort. Der Geruch erinnerte Sie an ein früheres Erlebnis. Das ist so ein «Anker». Liebes- oder Ehepaare haben oft ein Lied, das sie «unser» Lied nennen. Auch das ist ein «Anker»: jedesmal, wenn sie das Lied hören, werden wieder die Gefühle wach, die sie füreinander hatten, als sie es das erste Mal «unser Lied» nannten. (4)

---

* Mit Erweiterungen des Reiz-Reaktionskonzeptes (das klassische Reflexbogen-Modell der Behavioristen) befaßten sich unter anderem auch John Grinder und Richard Bandler. Sie verfeinerten das von Miller, Gallanter und Pribram entwickelte TOTE-Modell, das dem Reflexbogen-Modell mit seinem Bindeglied der Rückkopplungsoperation überlegen ist (Vgl. George Miller u. a., *Strategien des Handelns*, 1973). Grinder und Bandler untersuchten seit Mitte der siebziger Jahre kommunikative Strategien und nannten die Konditionierung, welche unter anderem von Milton Erickson abgeleitet wurde, auch «Ankern».

Auch hier ruft ein äußerer Stimulus einen inneren physiologischen Zustand hervor, der Jahre zuvor konditioniert – oder verankert – wurde.

2.1 Ankerinstallation

Der Stimulus-Reaktions-Prozeß kann durch zweierlei Möglichkeiten geschaffen werden:

Diese Konditionierung kann durch *mehrmaliges* paarweises Auftreten von zwei Reizen entstehen (Fleisch plus Glocke), aber sie kann auch eintreten, wenn in einem Augenblick starker Emotionen eine solche Paarung ein einziges Mal eintritt. (5)

Robert Dilts schreibt expliziter:

1. Anker müssen nicht über lange Zeiträume konditioniert werden. Konditionierung über lange Zeiträume *trägt* zweifellos zur Herausbildung von Ankern *bei*. Die sichere Etablierung eines Ankers entsteht jedoch oft durch Initialerfahrungen. Anker fördern deshalb die Anwendung durch nur einen Versuch *(one trial learning)*.

2. Die Verbindung zwischen Anker und Reaktion muß nicht durch ein unmittelbares Resultat der Assoziation verstärkt werden, um etabliert zu werden. Mit anderen Worten: Anker oder Assoziationen entstehen ohne unmittelbare Gratifikationen oder Verstärkungen. Verstärkungen tragen (wie Konditionierungen) zur Herausbildung von Ankern bei, sind aber keine notwendige Voraussetzung.

3. Innere Erfahrungen (d. h. kognitives Verhalten) werden als ebenso signifikantes Verhalten angesehen wie offene, meßbare Reaktionen. (6)

Grundlegend entsteht also ein Anker schon nach einmaligem Konditionieren und kann mit physiologischen Zuständen in Verbindung gebracht werden, die nicht weiter verstärkt werden müssen, durch Wiederholung aber noch weiter gefestigt werden können.

Je intensiver die emotionale Beteiligung eines Bewußtseinszustandes, desto länger bleibt die neurologische Verbindung zwischen Auslösereiz und Reaktion erhalten. Bei geringer Emotionalität ist eine weitaus größere Wiederholungsfrequenz notwendig, um dauerhafte Verknüpfungen bilden zu können. Dabei sind nicht meßbare Prozesse, wie innere Bilder, Dialoge, Klänge oder Gefühle, genau solche abrufbaren Reaktionen wie die Speichelabsonderung des Pawlowschen Hundes. Richard Bandler beschreibt nun, wie ein Anker installiert werden kann:

> Befindet sich eine Person in einem bestimmten Bewußtseinszustand, [...] während sie durch die Erfahrung Y geht, so kann man in jedem System eine neue Dimension einführen, wie zum Beispiel eine Berührung. Wir nennen sie einen «Anker», in diesem Fall ist es ein kinästhetischer Anker. Immer, wenn ich diese Berührung mit dem gleichen Druck an der gleichen Stelle [...] wiederhole *und* sie sich nicht gerade in anderen, stärkeren und konkurrierenden Bewußtseinszuständen befindet, wird sie dadurch wieder vollen Zugang zu dieser Erfahrung haben. (7)

Diese räumlich-zeitliche Korrelation zwischen Reiz und Reaktion muß *kurz bevor* oder *während* ein physiologischer Zustand seinen Höhepunkt erreicht, etabliert werden – erkennbar an minimalen Veränderungen der Haut, der Atmung, des Gesichtsausdrucks, der Stimmlage, ... Flaut die Intensität des physiologischen Zustands wieder ab und wird erst dann (oder immer noch) mit dem Reiz verknüpft, so verankert man damit auch logischerweise die emotional abnehmende Intensität.

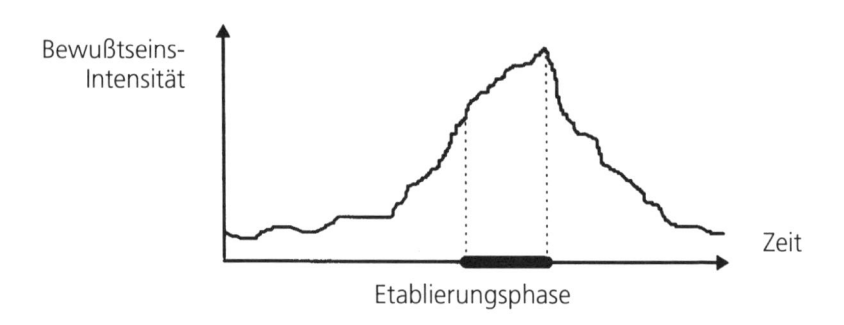

Hierzu können Anker in allen Sinnesmodalitäten geschaffen werden:

Signale:
- *visuell:* Gestik, Mimik, Farben oder Gegenstände
- *auditiv digital:* Worte und Slogans
- *auditiv tonal:* Stimmführung, Sprechtempo und Geräusche
- *kinästhetisch:* Berührungen oder Temperaturen
- *olfaktorisch und gustatorisch:* Gerüche und Geschmäcke

Dabei sei noch einmal betont, daß der Reiz, welcher einen physiologischen Zustand ankert und ihn dadurch wieder abrufbar macht, nicht auf externe Stimuli beschränkt ist; auch innere Reize auf sämtlichen Repräsentationsebenen wie spezifische Bilder, Signalworte, Slogans, Geräusche oder Gefühle können andere Prozesse abrufbar machen. Deshalb begrenzt sich eine Ankerinstallation nicht nur auf Fremdpersonen, sondern kann auch für sich selbst im autosuggestiven Bereich genutzt werden.

Dementsprechend könnten die drei Patienten (auf Seite 71) anstatt eines visuellen Ankers (Manometer (Ve)) auch immer ein bestimmtes Lied hören (Ae/t), einen bestimmten Geruch riechen (Oe), eine Temperatur empfinden (Ke), ein visualisiertes Bild vor Augen haben (Vi), ein inneres Klingeln hören (Ai/t) usw.; die Konditionierung funktioniert auf gleiche Weise und verstärkt sich nach jeder Wiederholung.

Dieses Prinzip offenbart nun weitere effektive Möglichkeiten, um das Bewußtsein des Gegenübers zu unterwandern und spezifische physiologische Zustände wie positive oder negative Motivation, Lernbereitschaft, befriedigende Kaufentscheidungen, Vertrauen usw. zu konditionieren und diese willentlich wieder hervorzurufen:

Wenn Sie z. B. wollen, daß sich jemand für etwas entscheidet, dann können Sie ihn fragen, ob er jemals eine Entscheidung getroffen hat, bei der er sich sehr sicher gefühlt hat und die positive Ergebnisse für ihn zeigte. Während er zu dieser Erfahrung Zugang findet, fragen Sie ihn, *woher* er wußte, daß er sich für einen bestimmten Vorschlag entscheiden sollte (Sie fragen ihn mit anderen Worten, welcher Wert im Repräsentationssystem am Entscheidungspunkt [Referenzsystem] für eine positive Reaktion notwendig ist). Während die Person zu der Repräsentation Zugang hat (etwa: «Nun, ich sagte mir...» oder «Ich hatte diesen Gedankenblitz...» oder «Mein Gefühl sagte es mir...») ankern Sie die Reaktion auf irgendeine für die Situation geeignete Art und Weise. Wenn Sie später die Entscheidungsstrategie der Person pacen [adaptieren], dann feuern Sie den Anker ab, wenn Sie am Entscheidungspunkt ankommen. Das wird einen großen Einfluß auf ein positives Resultat der Strategie haben. (8)

Bei einem starken, gutfunktionierenden Anker ist es oft auch überflüssig, die gesamte Strategie zu adaptieren. Robert Dilts merkt dazu an:

> Wenn Sie einen guten Anker haben, brauchen Sie manchmal nur den geeigneten Entscheidungswert bei der Person zu evozieren, um das Resultat zu erhalten. Sie müssen dann gar nicht erst den Rest der Strategie durchlaufen. (9)

Dabei kann man den Anker entweder offen installieren (eine Möglichkeit im Therapiebereich, wobei der Empfänger genauestens über jeden Schritt unterrichtet ist) oder verdeckt konditionieren: das bedeutet, daß der andere gar nicht weiß, was vor sich geht – sein Bewußtsein wird umgangen.

2.2 Verdecktes Ankern

Soll das Bewußtsein des Empfängers unterwandert werden, so kommuniziert der Sender am besten auf den Sinneskanälen, welche dem Empfänger am wenigsten bewußt sind.

> Wollt ihr verdeckt vorgehen und ein resistentes Bewußtsein umgehen, dann ankert in irgendeinem der Systeme, die *nicht* im Bewußtsein repräsentiert sind. Wenn ihr über die Prädikate und Augenbewegungsmuster die Informationen erhaltet, daß die Person primär kinästhetisch ist, dann ankert nicht in dem System [...] Wenn ihr diese gleiche Person tonal ankert, so wird sie es nicht bewußt repräsentieren. (10)

Wäre beispielsweise ein Mensch mit einem ausgeprägten visuellen Primärsystem in einem intensiven Bewußtseinszustand von Handlungsmotivation, Kreativität, Fröhlichkeit, Vergeßlichkeit,

Unzufriedenheit, Konzentrationsfähigkeit, Kaufentschiedenheit etc. – erkennbar durch minimale Veränderungen des Gesichtsausdrucks, der Atmung, der Hautfarbe, der Stimme oder des Sprechtaktes – so könnte man während dieser Emotionalität einen tonalen Reiz, wie z. B. ein Räuspern einsetzen, um diesen physiologischen Zustand zu gegebener Zeit willkürlich hervorzurufen, ohne daß dies dem anderen bewußt wird.

Viele verdeckte Stimulusreize entstehen auch unbewußt. Beispielsweise verknüpfen disharmonische Paare, die häufig miteinander streiten und verletzende Worte sagen, jene intensive negative Emotionalität ahnungslos mit der Gestik, Mimik oder Tonalität des anderen. Wiederholt sich dies mehrmals, so genügt es dann oft, den anderen in einer bestimmten Art und Weise zu sehen, zu hören oder von ihm berührt zu werden, damit der negative Bewußtseinszustand wieder unwillkürlich auftaucht.

Manchmal kann auch eine einzige unangenehme Erfahrung – ob beim Streit mit dem Partner, einem Arbeitskollegen, dem Chef oder einem Nachbarn – dazu führen, daß von nun an der Anblick des Gesichts o. ä. Zorn und Wut in einem aufsteigen läßt.

Gute Komiker beherrschen diese Art von Beeinflussung aber auch bewußt: Während eine intensive Reaktion des Lachens provoziert wird, setzt der Schauspieler eine bestimmte Geste, eine spezifische Tonalität oder einen gewissen Gesichtsausdruck bzw. alles gemeinsam als Abrufreiz fest. Spätestens nach einigen Wiederholungen wird eine große Mehrzahl von Zuschauern nur durch diesen präzise konditionierten Reiz zum Lachen animiert.

2.3 Verdecktes Ankern in der Therapie

Das verdeckte Ankern findet (gezielt aber auch unwillkürlich) in therapeutischen Sitzungen seine positive Verwendung und dient unter anderem dazu, daß physiologische Problem- oder Zielzustände gehalten werden, um damit arbeiten zu können bzw. Veränderungen zu bewirken – ohne den bewußten Teil eines Klienten überzeugen zu müssen.

Würde ein kompetenter Therapeut das disharmonische Paar (von S. 77) positiv modifizieren wollen, ginge er vielleicht folgendermaßen vor:

Zunächst einmal entwickelt er gezielte Fragen, um eine positive Emotionalität wiederholt herbeizusteuern – in diesem Fall arbeitet er vorwiegend mit provokativen Fragen:

- Habt Ihr nur geheiratet, um Euch zu streiten?

- Nur wenige würden einen Bekannten wegen so überaus wichtigen Dingen wie Krümel im Bett oder einer falsch ausgedrückten Zahnpastatube anschreien; ist es das, was Ihr wolltet, als Ihr Euch zum ersten Mal begegnet seid?

- Als Du Dich damals entschlossen hast, Dein Leben mit dieser Frau zu verbringen, was ging Dir gerade in dem Moment durch den Kopf?

In dieser Art fragt man systematisch solange weiter, bis der Bewußtseinszustand des Befragten eine sehr intensiv-positive Emotionalität besitzt – erkennbar anhand der Körperphysiologie. Dieser Augenblick wird gleichzeitig in möglichst vielen Sinnessystemen (tonal, visuell, ...) präzise verankert, um genau diese körperliche Verfassung zum späteren Zeitpunkt gewollt hervorholen zu können.

Nun gibt es verschiedene Möglichkeiten, um konstruktive Resultate zu erreichen:

Eine wäre z. B., daß man herausfindet, welche verbalen und nonverbalen Signale (negative Anker) beide aussenden, bevor sie in ihre streitsüchtige Emotion verfallen. Dieser Stimulus könnte dann mit der vorher «installierten» positiven Verfassung verknüpft werden und die alte Empfindung verdrängen. Der negativauslösende Stimulusreiz bleibt derselbe, doch die Reaktion wird – aufgrund einer *Reaktionssubstitution* – gegen eine sinnvollere ausgetauscht, so daß diese dann zu anderen Verhaltensweisen animiert.

Alle von euch, die schon mit Paaren oder Familien gearbeitet haben, werden das kennen: Ihr sitzt da und alles läuft wunderbar, und plötzlich explodiert einer von ihnen. Wenn ihr nicht zufällig das leise Geräusch oder den leisen Ton, oder die Bewegung eines anderen bzw. des Partners bemerkt habt, oder daß er sich abgewandt hat, ist es total unverständlich. Was ist passiert? [...] Die Anker, auf die Menschen mit ihren «fehlangepaßten» Verhaltensweisen reagieren, liegen in der Regel außerhalb ihres Bewußtseins.

[...] Trefft euch mit einer Familie oder mit einem Paar, wartet, bis eine von diesen Explosionen passiert, und macht euch klar, was eurer Meinung nach diese Explosion ausgelöst haben könnte. Das übernehmt dann in *euer* Verhalten und probiert aus, ob ihr den Betreffenden dazu bringen könnt, noch einmal zu explodieren. Wenn ja, wißt ihr, daß ihr exakt den Schlüsselpunkt ihrer Interaktion identifiziert habt. Angenommen es ist eine hochgezogene Augenbraue. Dann braucht ihr nur noch eine erfreuliche Reaktion kinästhetisch zu ankern, dann diesen Anker abzufeuern und im gleichen Moment eure Augenbraue hochziehen. In der Zukunft wird es nicht mehr diese Wirkung haben, wenn jemand die Augenbraue hochzieht. (11)

Grundlegende Annahme für eine neue Verknüpfung mit einem anderen Bewußtseinszustand ist aber, daß dieser zweifellos intensivere Emotionen einnimmt als der vorherige – wobei man notfalls eine *Systematische Intensitätsverstärkung* (siehe S. 81) anwendet, um diese Sicherheit vorauszusetzen.

Auch Leistungssportler verbinden oft unangenehme und sich selbst einschränkende Gefühle mit bestimmten Gegnern oder lokalen Umständen (externe Auslösereize), so daß sie dadurch erhebliche Leistungseinbußen hinnehmen müssen; genauso wie bei Pädagogen mit bestimmten Klassen und Kollegen, Managern in bezug auf ihre Geschäftspartner und Mitarbeiter, schüchterne Männer beim Anblick einer attraktiven Frau etc.

Durch die Möglichkeit der Reaktionssubstitution gelingt es in nahezu allen Bereichen, Blockaden zu zerstören und volle Leistungsfähigkeit hervorzurufen.

Dabei beschränkt es sich nicht nur (wie auf S. 74 f. schon erwähnt) auf Blockaden durch äußere Auslösereize; das gleiche geschieht auch oft bei der inneren Kommunikation mit uns selber. Allein ein bestimmter Gedanke in Form von Bildern, Geräuschen, Gefühlen, Gerüchen und Geschmäckern kann intensive Gefühle der Wut, der Trauer, der Niedergeschlagenheit aber auch der Freude oder des Selbstvertrauens auslösen. Hier ist es ebenfalls möglich, die gedanklichen Anker, die einen unangenehmen physiologischen Zustand bewirken, mittels einer stark motivierenden und selbstbeherrschenden Verfassung durch eine Reaktionssubstitution zu etablieren.

Keineswegs bleibt dieses nur auf Motivation und Selbstbeherrschung begrenzt: ob Freude, Vertrauen, Kaufbereitschaft, Sympathie oder Angst- und Verlustgefühle; jeder physiologische Bewußtseinszustand kann, bei genügender Intensität und richtigem Timing eine negative Stimulusreaktion verdrängen.

2.4 Anker höherer Ordnung

Die Reiz-Reaktions-Konditionierung kann auch erweitert werden. Ralph K. Schwitzgebel merkt dazu an:

> Wenn man einen neutralen Reiz mit [...] [einem] konditionierten Reiz paart, so kann der neutrale Reiz die Fähigkeit erwerben, die konditionierte Reaktion auszulösen. Der neutrale Reiz wird auf diese Weise zu einem Reiz zweiter Ordnung [.] (12)

Hätten wir beispielsweise das Glockenläuten (beim Pawlowschen Hund) auf den Speichelfluß konditioniert, so wären wir ja in der Lage, durch alleiniges Läuten eine vermehrte Speichelflußreaktion auszulösen. Würden wir jetzt vor dem Läuten (in diesem Experiment etwa eine Viertelsekunde) einen weiteren Reiz (etwa einen Hupton) auslösen, so funktioniert der Speichelfluß im nachhinein auch beim alleinigen Abspielen des Huptons, ohne daß dieser zweite Reiz jemals mit dem Futter in Verbindung gebracht wurde. Diese Konditionierung wäre ein Anker zweiter Ordnung.

Beim Menschen sind in ähnlichen Versuchsanordnungen Anker siebter Ordnung nachgewiesen worden. (13)

Auch Erfahrungen und Wahrnehmungen bilden häufig komplexe Gedankengänge, die oft durch einen Gedanken höherer Ordnung aktiviert werden: Ein Spinnenphobiker (jemand der sich panisch vor Spinnen ängstigt) hat in irgendeinem Moment seines Lebens eine Spinne gesehen (Ve), ist vielleicht von ihr bekrabbelt worden (Ke) oder hat sie versehentlich gegessen (Ge); als diese Signale das Gehirn erreichten, entstand womöglich gleichzeitig ein übermächtiges Angst- oder Panikgefühl. Somit stellt in diesem Fall die Spinne den Auslösereiz (Ve, Ke oder Ge) für das Panikgefühl dar. Wird dieser Mensch in seinem Leben mit weiteren Spinnen konfrontiert, so ist es beim Phobiker keine Seltenheit, mit jenem (unkontrollierten) konditionierten Angstgefühl zu reagieren. Hierbei kann es durchaus vorkommen, daß nicht selbst das leibhaftige Krabbeltier, sondern schon der einfache Gedanke an eine Spinne (Stimulusreiz zweiter Ordnug) ausreicht, um diese panische Reaktion auszulösen. Darüber hinaus können auch bislang neutrale Reize, wie Spinnweben oder dunkle muffige Räume, zu neuen und dauerhaften Auslösern (also Anker dritter Ordnung) des Spinnengedankens mutieren, welche wiederum das unangenehme Gefühl auslösen.

Auch in der Schule schaffen es einige Lehrer immer wieder, einen nicht ausgearbeiteten langweiligen Unterrichtsstil oder negative Fehlbemerkungen mit den daraus entstehenden Unlustgefühlen der Schüler zu verknüpfen. Noch Jahre später genügt dann ein Blick auf das geschriebene Wort oder die mündliche Erwähnung des Faches, um diese konditionierten Emotionen auszulösen – was wiederum eine Weiterentwicklung auf diesem Gebiet blockieren kann.

2.5 Systematische Intensitätsverstärkung

Bei gezielter Bildung von neurologischen Verbindungen zwischen Bewußtseinszuständen wie Vertrauen, Lernen, Glücklichsein, Motiviertheit etc., ist es auch möglich, einen physiologischen Bewußtseinszustand gezielt zu intensivieren. So kann man beispielsweise ein und denselben Stimulusreiz benutzen, um mehrere Erlebnisse einer ähnlichen Emotionalität zu verknüpfen und damit den abrufbaren Reiz in seiner Wirkung zu verstärken.

Um das Beispiel zu verdeutlichen, betrachten wir uns noch einmal die Arbeit des professionellen Komikers: Vor jedem zu erwartenden Lacher bzw. während die Heiterkeit des Publikums zum Höhepunkt kulminiert, setzt der Darsteller einen Anker in Form einer gewissen Gestik und Mimik, einer Tonalität in der Stimme oder durch alles gleichzeitig. Innerhalb jedes einzelnen Lacherlebnisses verknüpft der Humorist immer denselben individuellen Stimulusreiz mit der hervorgerufenen Physiologie des Lachdranges. Hierdurch verstärkt und intensiviert sich der Anker, so daß hinterher selbst bei schwachen Witzen oder einfach nur bei der nackten Darbietung des Abrufreizes ein natürlicher Lachzwang hervorgerufen wird.

Dabei ist die Wahl der Konditionierung sehr entscheidend: Je einzigartiger der Stimulusreiz, desto unwahrscheinlicher ist eine zufällige Integrierung mit anderen Stimuli. Deshalb ist ein gleichzeitiges Verankern in mehreren Repräsentationssystemen äußerst sinnvoll, damit neurologische Verbindungen zwischen Reiz und Reaktion möglichst lange und präzise abrufbar sind. (14)

3. Anker in der verbalen Sprache

Ersetzt man die inhaltsleeren physikalischen Reize – also die auditiv tonalen, visuellen, kinästhetischen, olfaktorischen und gustatorischen Signale – durch sprachliche Zeichen (digital auditives und visuelles Repräsentationssystem), dann erreichen wir mit diesen *Ankern zweiter Ordnung* noch viel variablere Auslöser.
 Primäre Sinneserfahrungen gelangen durch unsere fünf Sinnessysteme zum Gehirn und werden durch Worte (visuelle und auditive Symbole einer gesellschaftlichen Konstruktion in einer Sprachgemeinschaft) kodiert. Beim Hören oder Lesen dieser Sprachsymbole repräsentieren wir unsere Sinneserfahrungen auf den gleichen neurologischen Pfaden und machen sie uns auf diese Weise zugänglich. Jedes Wort wird entkodiert und zwar wieder in der Form der damaligen wahrgenommenen Informationsaufnahme. So gesehen ist die Sprache ein sekundäres Signalsystem, um physiologische und psychische Zustände oder Reaktionen hervorzurufen.

Ad/V < V, A, K, G, O >

Bei dem Wort *Hund* ist möglicherweise ein spezifisches Set an Repräsentationen wie das Bellen (At), das Fühlen (K) und Riechen des Fells (O) oder das Sehen des Tieres (V) geankert. Ändert man nun den Stimulus oder fügt ihm etwas hinzu, z. B. *schlafender Hund* oder *nasser Hund*, so würden andere geankerte Reaktionen ausgelöst.
 Bei jedem gespeicherten Wort, erleben wir die Information innerhalb der sensorischen Form, in der wir sie während der Aufnahme- oder auch Rezeptionsphase wahrgenommen haben. (15)
 Aus Sicht der Wortanwendung, die im Prozeß der Kommunikation mit anderen – aber auch mit sich selbst – stattfindet, können sinnesspezifische Wahrnehmungserfahrungen auf unterschiedliche Weise ausgedrückt werden. Dabei kann der Sender

ein und dieselben Informationen ambivalent (negativ als auch positiv) deklarieren:

−	+
halb leer	halb voll
überfordert	herausgefordert
Tricks	Methoden
nichtssagend	allgemein gehalten
durchtrieben	clever
alte Menschen	Senioren
schlecht	nicht gut
nicht schlecht	gut
nicht geschafft	nicht beendet
angewidert	unangenehm überrascht
ängstlich	erwartungsvoll
geistiges Tief	kreative Pause
Reklame	Verbraucherinformationen
altern	reifen

Natürlich nuancieren zwischen diesen Sprachmöglichkeiten noch eine Vielzahl anderer Worte. Doch möchte ich hiermit nur verdeutlichen, daß verschiedene Begriffsbezeichnungen jeweils andere Sets an Repräsentationen hervorrufen können.

Falls man eine Situation anstatt *langweilig* als *mäßig herausfordernd* interpretiert, so besitzt das sicherlich nicht den gleichen emotionalen Stellenwert und differenziert damit auch das jeweilige Denken und Handeln. Wenn dieser Aspekt schon kleine unscheinbare Veränderungen in der Wortwahl und damit auch die emotionalen Ausrichtungen und Wahrnehmungen beeinflußt, dann ist es offensichtlich nicht verwunderlich, daß ein positives Vokabular zu anderen Handlungen oder Aufmerksamkeiten inspiriert als ein negativer Wortschatz. Je nach sprachlicher Orientierung bestehen andere Hirnstrommuster bzw. Wellentätigkeiten, welche die Aufnahme und Verarbeitung von eintreffenden Informationen beeinflussen. Treffen Sie auf einen notorisch Depressiven, so können Sie selber feststellen, daß dieser eine durchweg andere Sprachbenutzung aktiviert als ein erfolgreicher Geschäftsmann, dem nie *Reinfälle* sondern eher *falsche Resultate* oder *konstruktive Lernergebnisse* widerfahren sind.

Auch einschränkende Adverbien wie «ich habe heute nicht *ganz so gute* Laune» oder «ich bin ein *klein wenig* nervös» verändern die emotionale Intensität einer Situation in Verbindung mit weiteren positiven Ausdrücken beträchtlich und ermöglichen offenere Sichtweisen.

Mit der Möglichkeit, die jeweiligen Handlungsspielräume – je nach Parteilichkeit – mal negativ mal positiv auszurichten, haben professionelle Kommunikatoren sehr viel Erfahrung und lassen diese auch geschickt in ihre Äußerungen einfließen:
Auf einer politischen Versammlung, bei welcher der Saal zur Hälfte gefüllt ist, sagt der gegnerische Widersacher vielleicht: «Oh ..., der Saal ist ja *halb leer* ...» Würde man zur selben Situation ein Parteimitglied befragen, so wäre seine standesgemäße Interpretation: «Ach ..., der Saal ist ja schon *halb voll* ...»
Politiker neigen sehr oft dazu, alarmierende Mißstände und Fehler irreführend durch Worte zu verschleiern. Solche Sprachverführungen mit gewollter Täuschung mittels Hüllwörter werden auch als Euphemismen bezeichnet. Krieg oder eine militärische Aktion verharmlost man durch Begriffe wie *bewaffneter Konflikt*, *Verteidigungsreaktion*, *Rettungsaktion*, *Befriedung*. Waffen werden dann eher als *Distanzmittel*, *Flugkörper (für Raketen) oder Sondermunition (für atomare Sprengköpfe)* bezeichnet.

Ein Sprecher, der solche Euphemismen bewußt anwendet, stellt seine mitgemeinten Wertungen und Charakterisierungen nie offen zur Diskussion. Er teilt dies nur unterschwellig – also subliminal – mit und suggeriert bzw. etabliert gleichzeitig ideologische Vermittlungszusammenhänge und Handlungsprädispositionen. (16)

4. Suggestive Anker in der Werbung

Gregory Razran war einer der ersten, der entdeckte, daß Pawlows Konditionierungstheorie auch anderweitig funktionierte. Er versetzte die Probanden in einen positiven Zustand oder vermittelte ein angenehmes Gefühl (z. B. durch ein Essen) und zeigte ihnen währenddessen politische Slogans, so daß beides miteinander verknüpft wurde. Bei einer erneuten Befragung fanden die beim Essen gezeigten Sätze weitaus mehr Zustimmung als die anderen Slogans, die außerhalb der Mahlzeit zu sehen waren. Andersherum funktionierte es ähnlich:

> Um zu demonstrieren, daß das Assoziationsprinzip auch für unangenehme Erlebnisse gilt, untersuchte Razran [...] in diesem Experiment auch eine Bedingung, in der ein fauliger Geruch in den Raum geleitet wurde, während den Teilnehmern die politischen Slogans vorgelegt wurden. In diesem Fall [...] ging die Zustimmung zu den Aussagen zurück. (17)

Von Razrans Erkenntnis war es nun kein großer Schritt für die Werbung. Auch sie fand heraus, daß anstelle des Essens

> [...] auch andere positive Reize benutzt werden können, um durch künstlich geschaffene Verbindungen mit ihnen Einstellungen, Produkte und Personen aufzuwerten. Letzten Endes ist dies der Grund dafür, daß in den Werbeanzeigen immer diese gutaussehenden Models herumstehen. Der Grund dafür, daß die Radiomacher die Anweisungen haben, den Erkennungsjingle des Senders möglichst häufig vor großen Hits zu spielen. (18)

Das Prinzip ist immer das gleiche: Während oder bevor sich Menschen in angenehmen, positiven Bewußtseinszuständen befinden, werden diese mit einem zu werbenden Gegenstand verknüpft. Hierbei spricht die professionelle Werbung möglichst alle Sinnesreize (anregende Bilder, Töne, Laute, Ton-/Lautfolgen ...) an, um den Empfänger in eine gewünschte Emotionalität zu versetzen. Wird dieser daraufhin erneut mit dem entsprechenden Gegenstand konfrontiert, so ist er einerseits bekannt und somit auch vertrauter; zum anderen stellt dieses Produkt seinerseits einen angenehmen Zustand her, welcher bei anderen – unbekannten – Gegenständen ausbleibt.

Auch nicht wenige Schauspieler und Sportler neigen bei entsprechender Bezahlung dazu, ihre begehrte Persönlichkeit als Sympathieträger für verschiedene Produkte einzusetzen und angenehme Verbindungen zu schaffen. Dabei handelt es sich nicht immer um Dinge, die im direkten Bezug zu der Persönlichkeit stehen, sondern aus einem völlig anderen Umfeld kommen können. Ob nun Tennisspieler für Unterhosen oder Schauspieler für Reis, Sahnepudding oder Tapetenkleister werben (man denke hierbei nur an den deutschen Schauspieler Manfred Krug, der im Laufe eines Jahres für Funktelefone, Rechtsschutzversicherungen, Desserts, Aktien oder Küchenmesser vor der Kamera stand): eine logische Verbindung zwischen Person und Sache scheint oft nicht relevant zu sein.

5. Suggestive Anker in der Erziehung

Viele Menschen verbinden mit der Schule oder einem Fach bestimmte negative Empfindungen, weil zu gewissen Zeitpunkten spezifische negative Erfahrungen damit verknüpft wurden. Um dem zu entkommen, rät Richard Bandler zu einer Form der offenen Selbstankerung, die zu einer Reprogrammierung dieser Assoziation führen kann:

> Bei vielen von Ihnen ruft Mathematik schlechte Gefühle hervor – Brüche, Wurzeln, quadratische Gleichungen und Ähnliches? (Er schreibt eine lange Reihe von Gleichungen an die Tafel, und zahlreiche Leute stöhnen oder seufzen.) Schließen Sie jetzt ihre Augen und denken Sie an eine Erfahrung, die *absolut fantastisch* war – eine Situation, in der Sie begeistert und neugierig waren.
> Öffnen Sie nun Ihre Augen für ein oder zwei Sekunden, schauen Sie diese Gleichungen an und kehren dann zu jener fabelhaften Situation zurück.
> Öffnen Sie jetzt Ihre Augen und schauen die Gleichungen einige Sekunden länger an und kehren dann zu Ihrer aufregenden Situation zurück. Wechseln Sie noch ein paarmal hin und her, bis diese beiden Erfahrungen gründlich integriert sind.
> Jetzt ist es Zeit, zu testen. Schauen Sie zunächst weg und denken Sie an irgendeine Erfahrung, die ein neutrales Gefühl in Ihnen hervorruft....schauen Sie dann die Gleichungen hier oben an und registrieren Sie Ihre Reaktion. (19)

Es besteht für den Lehrer natürlich auch die Möglichkeit, den negativen Anker *verdeckt* umzukonditionieren. Dies würde z. B. durch eine Reaktionssubstitution (siehe S. 78) – mittels Verknüpfung von Stimulusreiz, wie Gesten oder Tonalitäten mit Witzen, Erzählungen, Anekdoten – funktionieren. Diese Reize etablieren dann die konditionierte positive Emotionalität mit den langweiligen Unterrichtsthemen.

Eine andere Möglichkeit wäre unter anderem auch, den zu vermittelnden Stoff durch *gezielte Themenwechsel* positiv zu konditionieren. Das heißt, daß zwischen den zu vermittelnden Unterrichtseinheiten eines Themas Witze oder Anekdoten angebracht werden – ohne daß diese mit kontrollierten Gesten oder Lauten gekoppelt sind.

Auch bestimmte Phasen innerhalb des Unterrichts können verbal und nonverbal konditioniert werden. So setzt der Lehrer beispielsweise einen externen Konzentrationsanker für die Schüler, indem er vielleicht in bestimmter Weise aufsteht, durch die Klasse blickt und einen anderen Tonfall benutzt, während sich die Lernenden an einer Sache faszinieren. Bei folgenden notwendigen Vorhaben, wo ein gewisses Maß an Konzentration unabdingbar ist, kann der Pädagoge diesen Bewußtseinszustand bei der Klasse gewollt hervorrufen und in seinen Unterricht mit einbeziehen. (20)

6. Suggestive Anker im Verkauf

Sei es nun in der Werbung, der Politik oder im professionellen Verkaufsbereich, überall wird mit den gleichen Suggestionsmitteln gearbeitet. Hier noch ein weiteres Beispiel, mit dem Donald J. Moine in seinen Untersuchungen über Gesprächshypnose andeutet, daß nicht nur Topverkäufer, sondern auch Politiker oder Religionsführer darauf zurückgreifen. Er schreibt:

> Ein strategisches und selektives Gespräch [...] ist eine der wirkungsvollsten Verkaufstechniken, die es gibt. Indem man von positiven vergangenen Erlebnissen zu dem wechselt, was Ihr Produkt heute bietet, wieder zurück zu

früheren positiven Erlebnissen geht und dann wieder zu Ihrem Produkt von heute wechselt, immer wieder, übertragen Sie die positiven Emotionen der Vergangenheit in effektiver Weise auf Ihr gegenwärtiges Produkt oder Ihren gegenwärtigen Service. (21)

Eine angenehme Erfahrung könnten auch ehemalige anerkannte Kaufobjekte des Kunden darstellen. Axel Bänsch merkt dazu an:

Ein bereits positive Reaktionen auslösender Reiz (z. B. ein vom Kunden anerkanntes Kaufobjekt) wird mehrfach in Verbindung mit einem zunächst neutralen Reiz (dem Kunden unbekanntes Kaufobjekt) dargeboten. Ähnlich dem Ablauf bei entsprechenden Werbedarbietungen kann der Kunde auf den ursprünglich neutralen Reiz positiv reagieren lernen, sich bei ihm also eine positive Einstellung zum zunächst unbekannten und neutral gesehenen Kaufobjekt herausbilden.
Voraussetzung für die Nutzbarkeit des Ansatzes sind Informationen über Reize, die den Kunden positiv reagieren lassen. (22)

Das Ganze kann natürlich auch durch verdeckte verbale oder nonverbale Signale verankert werden, während der Kunde gerade eine angenehme Erfahrung assoziiert.

7. Ankern als Manipulation?

Im täglichen Leben wird permanent geankert. Dabei verwenden nicht nur berufsmäßige Kommunikatoren solche unbewußten Einflußmechanismen in einem scheinbar neutralen Gespräch.

Schon ein einfaches «Nur-da-sitzen» des Analytikers, der schweigsam und nachdenklich kratzende Geräusche mit dem Schreibgerät auf seinem Notizblock verursacht bzw. ab und zu mit nickendem Kopf, heruntergezogenen Augenbrauen und fokussierenden Augen ein vertieftes «Aha ..., ah ja ...» in den Raum einwirft, beeinflußt den Patienten in bestimmter Weise. Viele subtile nonverbale Zeichen unterstützen den Gedankengang eines jeden Sprechers, so daß selbst einfache Handbewegungen oder andere Gesten – die ein akzeptierter Sender zu seiner Einstellung *unbewußt* unterstreicht – den Empfänger suggestiv leiten. Hier nun ein alltägliches Beispiel:

«Sie haben jetzt die freie Wahl zwischen A, B oder C (hierzu macht der Sprecher unbewußt eine bestimmte Geste oder markiert seinen eigenen Favoriten tonal). Ich weiß, daß die Entscheidung schwerfällt, um den richtigen Entschluß zu treffen (signalisiert erneut ungewollt durch dieselbe Geste oder Betonung seiner Meinung), aber ich bin überzeugt, daß Ihr Urteil richtig sein wird (markiert abermals unwillkürlich).»

Besteht ein positiver Kontaktfluß zwischen beiden Gesprächspartnern, dann nimmt der Empfänger die unterwanderten Signale oft intuitiv an. Genauso andersherum: überwiegt in einem kommunikativen Dialog der negative Kontaktfluß, so wird der Zuhörende oft die (favorisierten) Meinungen und Einstellungen des Sprechers unbewußt in Frage stellen und negieren. (23)

V. Suggestive Sprach- und Sprechhandlungsmuster

Professionelle «Suggestions»-Kommunikatoren arbeiten ähnlich wie Zauberer auf der Bühne: Der Zuschauer wird verbal und nonverbal beschäftigt bzw. abgelenkt, damit die vorgetäuschten Handlungen als real erscheinen und annehmbar sind. Kommunikatoren, die ihre Gesprächspartner gezielt beeinflussen möchten, arbeiten ebenso verdeckt. Sie fixieren die Aufmerksamkeit des Empfängers soweit, daß multiple Suggestionen unbemerkt eingeflochten und angenommen werden können, bis die gewünschte Veränderung erkennbar ist.

Dabei entfalten alle einzeln aufgeführten Elemente – die schon explizierten sowie die noch anstehenden – ihre Wirkung erst in vollem gleichzeitigen Wechselspiel untereinander, ähnlich wie ein Tastendruck auf dem Klavier: Bei einmaligem Drücken erhalten wir nur einen einfachen Ton, der langsam verhallt. Wird die gesamte rechte Hand in Anspruch genommen, so entwickelt sich vielleicht schon eine nackte Melodie. Gelingt es aber nun, mehrere Tasten beidhändig im taktgemäßen Wechselspiel untereinander zu bewegen, so erfahren wir schon eher die beeindruckende Wirkung einer harmonischen Musik, die es vermag, intensive Gefühle hervorzurufen.

1. Aufmerksamkeit und Zustimmung

Ein wirksames Mittel, um die Aufmerksamkeit bzw. Zustimmung zu fokussieren und festzuhalten, besteht darin, das augenblickliche Erleben des Gesprächspartners zur Kenntnis zu nehmen und darauf einzugehen. Im Prinzip basieren nahezu alle schon erwähnten Grundelemente auf dieser Prämisse, die aber nun auch auf semantische Inhalte erweitert werden kann.

Führende Beeinflussung setzt oft eine Entwicklung von Aufmerksamkeit und Zustimmungshaltung voraus: wenn z. B. der Kommunikator die Hier- und Jetzt-Erfahrung des Empfängers richtig identifiziert, ist dieser gewöhnlich positiv eingestellt und offen für alles Übrige, was der Sender zu sagen hat. Die Kenntnisnahme der augenblicklichen Realität des Gesprächspartners schafft somit eine zustimmende Aufmerksamkeit für aufkommende Bemerkungen. (1)

Die nun folgenden Sprechhandlungselemente suggerieren, durch überprüfbare unzweifelhafte Aussagen, eine semantisch direkte Zustimmungshaltung – oder auch Ja-Haltung – für den laufenden Gedankengang. Das heißt, man bringt den anderen nahezu dahin, daß er die vorgetragenen Äußerungen äußerlich oder innerlich bejaht, um ihn somit in ein Bewußtsein der Zustimmung zu transferieren und aufnahmewilliger zu machen.

1.1 Bestätigende Aussagen

Äußert man eine oder – besser noch – mehrere bestätigende (verifizierbare) Aussagen und läßt danach eine wünschenswerte Suggestion folgen, so erreicht man eine weitaus bessere Annehmbarkeit:

– Es ist ein traumhaftes Wetter, wollen wir radfahren?

– Es sind Ferien, warum sollte ich nicht tun, was ich will?

Hier wird zunächst durch eine verifizierbare Vorstellung (*traumhaftes Wetter, Ferien*) eine leichte Ja-Haltung geschaffen, die die Annahme der folgenden Suggestion erleichtern kann.

Je mehr überprüfbare Aussagen geäußert werden, desto größer ist die Aufnahme einer Beeinflussung:

Heute ist Sonntag, die Sonne scheint. Laß uns radfahren, es ist so schönes Wetter. (2)

Auch wenn das Gesagte des Gesprächspartners wortwörtlich oder inhaltlich wiederholt wird, entstehen verifizierbare Aussagen:

Sprecher X: Ich habe schlechte Laune. Alles was ich anfange geht schief. Am besten ist es, wenn ich heute in meiner Wohnung bleibe. Morgen sieht die Welt bestimmt wieder besser aus.

Sprecher Y: Du glaubst/meinst also, daß Deine Laune sehr schlecht ist? Alles was Du anfängst, geht schief? Du findest es durchaus angenehm, in der Wohnung zu bleiben, weil Du denkst, daß die Welt morgen wieder besser aussieht?

Fängt man erst einmal an, verifzierbare Aussagen zu äußern, so intensiviert sich mit der Zeit die unterschwellige Bereitschaft, Beeinflussungen anzunehmen. Oft werden nach diesem Prinzip auch Hypnosepatienten in Entspannungszustände überführt, indem hier ebenfalls mehrere überprüfbare Aussagen, wie

– Sie liegen auf dem Rücken ...

– Sie spüren, wie Ihre Schultern die Unterlage berühren ...

– Sie bemerken, wie sich Ihr Brustkorb beim Atmen langsam hebt und senkt ...

– Sie hören meine Stimme ...

geäußert werden.

Hiernach sind Aussagen zu hören, welche den anderen in die gewünschte Richtung leiten sollen:

– ... und bei jedem Ausatmen wird Ihr Körper entspannter und ruhiger ...

– ... und Sie fühlen sich immer schwerer und wohler ... (3)

Während der Sender unbestreitbar wahre Ereignisse aus der Umgebung anspricht, übernimmt er die Gedanken und bewußten

Funktionen, welche der Empfänger in gleicher Hinsicht wahrnehmen kann. Darüber hinaus entsteht – bei rigider Prozeßanwendung – ein Vertrauen, welches sich soweit entwickelt, daß der Empfänger auf sämtliche Sendervorschläge positiv eingeht. Nun läßt sich dieses Beeinflussungsmuster nicht nur für hypnotische Entspannungszustände anwenden. Erfolgreiche Verkäufer gehen genauso vor:

> Ein ähnlicher Prozeß findet statt, wenn Topverkäufer mit Kunden in Interaktion treten. Die Verkaufprofis spiegeln alle Anliegen, Gedanken, Ängste, Bedürfnisse und Träume des Kunden. Es ist fast so, als ob es zwei Kunden gäbe und keinen Verkäufer. Topverkäufer induzieren diesen sehr angenehmen Zustand, indem sie [...] über das sprechen, was sie *in der unmittelbaren Umgebung* sehen und hören. Sie sprechen über die unbestreitbar wahren Ereignisse, die sich um sie herum abspielen. (4)

Donald J. Moine schreibt an anderer Stelle weiter:

> Wenn Menschen einem Verkäufer oder einem Hypnotiseur zustimmen, neigen sie dazu, in eine Gewohnheit zu verfallen, die die Wahrscheinlichkeit fortwährender Zustimmung erhöht. *Je mehr die Menschen zustimmen, desto wahrscheinlicher werden sie weiterhin zustimmen.* Viele hochtalentierte überzeugende Redner versuchen, während ihrer Präsentation mindestens einmal pro Minute eine mehr oder minder große Zustimmung zu erreichen. (5)

1.2 Lenken durch Fragen

Schon Sokrates machte sich dieses Prinzip zunutze und entwickelte seine «Sokratische Frageform», die in fast allen Rhetorik-, Dialektik- oder Verkaufsbüchern abgehandelt wird:

> Wollen Sie zu dem Ergebnis kommen, daß der Gesprächspartner mit «Ja» antwortet, so formulieren Sie drei bis fünf geschlossene Fragen, die der Gesprächspartner mit «Ja» beantworten wird. [...] Auch müssen die Fragen logisch aneinandergereiht werden (Frageketten). In 80 bis 90% aller Fälle wird er bei der (entscheidenden) letzten Frage, die er normalerweise mit «Nein» beantwortet hätte, auch hier mit «Ja» antworten. (6)

Ähnlich schreibt Erickson über einen seiner Studenten, der einer Versuchsperson gegenüberstand, die sich unerbittlich weigerte, die Möglichkeit zu akzeptieren, daß sie einen Trance-Zustand (entspannt, schlafähnlich) erleben könnte. Der Schüler begann daraufhin ca. 20 – 30 geschlossene Fragen zu stellen, die der andere nur mit *Ja* beantworten konnte:

- Ihr Nachname ist X?
- Sind Sie ... Jahre alt?
- Wohnen Sie in der Straße Y?
- Ist es schon 14.25 Uhr?
- Sie haben heute schwarze Schuhe an?
- Ist heute Donnerstag?

[...] [Nach dieser Prozedur] fragte der Student schließlich noch einmal, ob sie Trance erleben möchte. Die Versuchsperson willigte dann einfach wegen der «Ja-Haltung» ein [.] (7)

Im Prinzip sind die geschlossenen Ja-Fragen nichts weiter als verifizierbare Aussagen, die ein Aussprechen von Zustimmung provozieren, bei der es nach einem gewissen Zeitpunkt schwierig ist, den Überblick zu behalten.

Übrigens ist es durch Anwendung von spezifischen Zustimmungspartikeln oder -floskeln, wie

- stimmt's?
- ja?
- nicht wahr?
- ist es nicht so?
- glauben/meinen Sie nicht auch?
- hab' ich Recht?
- oder?
- so ist es doch?

möglich, nahezu alle gewöhnlichen Aussagesätze in Fragen zu verwandeln, die in eine Ja-Richtung lenken (8):

- Ein wunderschöner Füller, *nicht wahr?*
- Sie schauten gerade auf diese Schüssel, *ist es nicht so?*
- Das Wetter ist einfach traumhaft, *oder?* (9)

Nun beschränkt sich das «Lenken in eine Richtung» nicht nur auf Ja-Antworten. So hörte ich während einer Bahnfahrt, wie selbst ein Kind diese Strategie bei einem Erwachsenen durchsetzte:

Welche Farbe hat das Lieblingsgetränk eines Vampirs?   Rot

Welche Farbe hat Tomatenketchup?   Rot

Welche Farbe hat ein Feuerwehrauto?   Rot

Bei welcher Farbe gehst Du über die Ampel?   ...

Es wunderte nicht, daß der Erwachsene die schon dreimal erwähnte Antwort nochmals wiederholte. Generell werden gesteuerte Antworten sooft erfragt, bis der Empfänger diese Haltung unbewußt aufrechterhält.

1.3 Scheinbares Gedankenlesen

Auch durch vage Aussagen ist es möglich, eine Zustimmungshaltung und damit eine bessere Annehmbarkeit zu fokussieren:

[...] [I]ndem man sich verhält, als ob man über das innere Erleben einer anderen Person Bescheid wüßte – solange man beim «Gedankenlesen» bei allgemein gehaltenen Formulierungen bleibt. (10)

– Sie fragen sich bestimmt, was sonst noch so kommt ...
– Sie möchten vielleicht noch mehr über Suggestionen erfahren ...

Diese vagen Aussagen sind indirekt verifizierbar und bieten ebenfalls eine Möglichkeit, um Aufmerksamkeit und Annehmbarkeit zu intensivieren.

Das Anwenden der nun folgenden transderivationalen Elemente trägt zum scheinbaren Gedankenlesen wesentlich bei.

2. Nichts sagen – Alles sagen: Transderivationale Prozesse

Wie schon (im Kapitel II.1.12 und II.3.2 – Unspezifische Prädikate) erwähnt, kann man unspezifische Verben, Adjektive, Adverbien und Nominalisierungen benutzen, damit der zu Überzeugende sich diese Prozeßworte auf seiner Ebene in seiner Gedankenwelt zugänglich macht.

Der Zuhörer gibt ihnen einen individuell-relevanten Sinn.

Ob nun Horoskope, chinesische Glückskekse, Astrologen oder Wahrsager weise Ratschläge und Voraussagen äußern, wie:

– Sie werden in der Zukunft eine prägende Erfahrung durchleben.
– Für Dich bricht eine Zeit mit längst fälligen Belohnungen an.
– Dir wird ein guter Bekannter einen Gefallen erweisen.

Sie alle drücken sich meist so vage aus, daß die «vorhergesagten» Inhalte allzeit richtig erscheinen, denn auf gewisser Ebene wird immer eine Erfahrung durchlebt, eine Belohnung fällig oder ein Bekannter auftauchen, der einen Gefallen erweist.

Wird der Mensch mit mehreren transderivationalen Prädikaten konfrontiert, so beschäftigt man sein Bewußtsein damit, die Lükken durch Informationen aus dem Erfahrungsschatz zu füllen. Während dieser Fokussierungen ist der *Denker* bedingt abgelenkt, so daß weitere einzuflechtende Suggestionen weniger bemerkt werden. (11)

Die spezifischen Formen der transderivationalen Prädikate, welche die Mehrdeutigkeiten einer Aussage erhöhen und Suchprozesse aktivieren, sind im folgenden aufgeführt.

2.1 Nominalisierungen

Nominalisierung ist ein komplexer Transformationsprozeß, durch den ein Prozeßwort oder ein Verb der Tiefenstruktur als Ereigniswort oder Substantiv in der Oberflächenstruktur in Erscheinung tritt. (12)

> Anlehnung, Bereicherung, Drang, Deutlichkeit, Einsicht, Entscheidung, Erfahrung, Erfolg, Freiheit, Freude, Geduld, Gelächter, Gründung, Gesinnung, Großzügigkeit, Interesse, Offenbarung, Rationalisierung, Reife, Reinheit, Respekt, Scheidung, Schwere, Sichtbarmachung, Sinnhaftigkeit, Verstehen, Vermittlung, Verwirrung, Wachstum, Widersprüchlichkeit, Wohlbefinden, Wunsch, Ziel, Zwang

werden als Nomen benutzt, sind aber eigentlich Verlaufsformen.

Immer wenn man eine Nominalisierung benutzt, wird sehr viel an Informationen weggelassen. Wenn ich sage: «Emily hat ein umfangreiches *Wissen*», dann lasse ich weg, was sie weiß und wie sie es weiß. (13)

Nominalisierungen sind sehr aufnahmefähig und in hohem Maße komprimiert. Dementsprechend neigen sie dazu, syntaktische Referenzen im unklaren zu lassen. Darüber hinaus implizieren solche Nominalisierungen etwas statisch Abgeschlossenes, durch das man seine fließenden subjektiven Verlaufsprozesse zu einer schwer angreifbaren typisierten Entpersönlichung umformen kann.

Vergleicht man das Verhältnis zwischen Substantiven und Adjektiven, läßt sich feststellen, daß Substantive «genauer, technischer und damit auch glaubwürdiger als Adjektive» wirken. (14) Mittlerweile werden auch Verkäufer geschult, um die Entscheidung der Kunden durch bewußtes Wechselspiel zwischen Prozeßworten bzw. Verben und Nominalisierungen zu beeinflussen. Kunden mit feststehenden, nüchternen *Meinungen* und *Entscheidungen* im Nominalstil, lassen sich das Ganze doch noch einmal durch den Kopf gehen, wenn der geschulte Verkäufer die Aussagen in Verbalphrasen transformiert und somit alles wieder als veränderbaren Vorgang beschreibt: «*Meinen* Sie wirklich, daß …?»; «Wie *entscheiden* Sie sich, wenn …?» (15)

Die umgekehrte Situation wäre: Wenn der Kunde sich in einem andauernden, fortlaufenden Prozeß des Denkens befindet und sagt: «Ich glaube, daß ich mich heute noch nicht *entschließen* möchte, dieses Produkt zu kaufen.» So kann der erfahrene Verkäufer diesen Denkprozeß durch Nominalisierung zu einem endgültigen Kaufvorhaben verwandeln: «Was könnte denn zu einem *Kaufentschluß* beitragen?» (16)

Auch therapeutische Patienten, die meist Hilfe suchen, um festgefahrene Handlungsbeschränkungen zu verändern, sprechen überwiegend in Nominalisierungen ohne jegliche Sinneserfahrung. Bandler und Grinder fanden heraus, daß viele effektiv arbeitende Therapeuten den Patienten dadurch weiterhalfen, indem sie deren Sprachmuster in fortlaufende Verbalphrasen umwandelten. Diese bewirkten oft neue Einsichten und verhalfen zu multiplen Lösungsmöglichkeiten der Probleme. (17)

2.2 Unspezifische Verben

Mit der Benutzung von unspezifischen (nicht näher bestimmten) Verben, maximiert man, wie bei den Nominalisierungen, die Aussage auf das momentane Erleben, da der Hörer die Bedeutung selbst einsetzen muß, um den Satz zu verstehen. Die unbestimmten Verben beschreiben nie, wie genau man etwas macht.

Wörter wie *festmachen an, bewegen, lösen, verändern, denken, spüren, wissen, erleben, verstehen, erinnern, wahrnehmen, tun* sind relativ unspezifisch. Wenn ich sage: «Ich möchte, daß Sie *lernen*», benutze ich das Verb sehr unbestimmt, denn ich erkläre weder wie noch was Sie lernen sollen. (18) Im Gesagten wird dadurch eine individuelle Bedeutung entwickelt, die wahrscheinlich für jeden Hörer anders, aber auf eigene Weise bedeutungsvoll erscheint. Auch Verkäufern wird geraten, sich mit unspezifischen Verben auszudrücken, da diese offenkundig mehrdeutig sind und dem Interessenten die Freiheit lassen, genau die Spezifika zu entwickeln, die er für sich benötigt. (19)

2.3 Unspezifische Substantive

Sätze mit Substantivgruppen, die keinen Referenzindex besitzen, können ebenfalls einen transderivationalen Suchprozeß aktivieren. Die unbestimmten Substantive beschreiben nie, was oder wer genau etwas macht:

Artikelwörter
– der
– das
– einer ...

«*Das* ist leicht.»

Der typisierende Singular
– er
– sie
– man ...

«*Man* sollte besser aufpassen.»

Der typisierende Plural
– die Menschen

- die Leute
- die Männer...

«*Tiere* sind eine Plage.»

Oft benutzt man diese Artikelwörter, einige typisierende Singulare bzw. Plurale (jeweils 2. u. 3. Person) und das Passiv, um eine Distanzierung bzw. Entpersönlichung zu verdeutlichen. Darüber hinaus scheinen vor allem die 1. Person Plural (wir) und die mehrdeutigen Indefinitpronomen (man, jemand, niemand,...) auch oft für persuasive/überredende Solidarisierungs-, Typisierungs- und Pauschalisierungszwecke geeignet zu sein:

- *Wir* glauben, daß Sie...

- *Man* meint, daß Sie...

Obendrein kann man auch in diesem Sinne das aktive Subjekt eines Satzes durch den Gebrauch eines Passivs tilgen. Hier wird ebenfalls nicht gesagt, was bzw. wer genau etwas macht:

- Das Bild ist aufgehängt *worden*.

- Der Kuchen *wurde* gegessen.

Im weiteren erfordern passive Satzkonstruktionen mehr Zeit zum Verständnis als aktive. Hierdurch ist eine weitere Möglichkeit gegeben, die Aufmerksamkeit des Empfängers stärker zu beanspruchen bzw. abzulenken und dabei anzubringende Suggestionsformen unbemerkt einzuflechten. (20)

2.4 Tilgungen

Diese Kategorie beinhaltet Sätze, in denen substantivische Ausdrücke völlig fehlen:

- Ich denke, daß Du Dich *freust*.

Der Hörer weiß nicht, worauf er sich freuen soll, weil das Objekt getilgt wurde. Er hat die Freiheit, selbst die Bedeutung zu generieren, die für ihn maximal relevant ist. (21)

3. Verknüpfungen

Neben der Fixierung von Aufmerksamkeit und Annehmbarkeit ist es ohnehin auch wichtig, die Suggestionen möglichst unbemerkt einzuflechten. Dabei nutzen die professionellen Kommunikatoren semantische bzw. syntaktische Regeln und Sprachfunktionen, die in jedem von uns kulturell verankert wurden. Von Kindheit an lernt der Mensch den gehörten – später auch den gelesenen – Worten gewisse Inhalte zuzuschreiben. Nehmen wir uns einmal die kausale Konjunktion *weil* als Beispiel.

Schon früh prägen sich Kinder die Bedeutung dieser Konjunktion, in Verbindung mit plausiblen Begründungen oder Erklärungen, semantisch und lexikalisch ein. Besitzt solch ein Wort erst einmal einen gewissen Stellenwert im Wortschatz eines Menschen, so kann man die konditionierten Begriffe auch ohne einleuchtende Begründungen anwenden – wie unter anderem die Havard-Untersuchungen von Ellen Langer bewiesen haben (Einführung S. 13).

Milton H. Erickson arbeitete oft mit der Ausnutzung von zuordnenden oder unterordnenden Bindewörtern, um Suggestionen ins Gespräch einzuflechten – inzwischen werden sich auch andere geschickte Kommunikatoren dieser Ausnutzung bewußt. Durch Anwenden der Bindewörter entsteht beim Empfänger oft der Eindruck, daß der gesamte Inhalt logisch ist. Hierzu erzeugte Erickson Glaubwürdigkeit und Plausibilität beim Empfänger (oft durch verifizierbare Aussagen) und benutzte daraufhin die Bindewörter, um einen gleitenden Übergang zu einer einzuflechtenden Suggestion herzustellen und einen sinnvollen Zusammenhang zu implizieren. (22)

Es geht also darum, daß man Aussagen miteinander verknüpft, indem man Konjunktionen verwendet. Wenn ich zu jemand sage: «Sie sitzen auf Ihrem

Stuhl. Sie zwinkern mit den Augen. Sie warten» – dann hat das nicht im Entferntesten einen so fließenden Charakter, wie wenn ich sage: «Sie sitzen auf Ihrem Stuhl *und* zwinkern mit den Augen, *und* Sie überlegen worauf das alles hier wohl hinauslaufen mag.» – Wörter wie «und», «während», «weil» und «wenn» haben alle die Eigenschaft, daß sie zwischen zwei Satzteilen einen Zusammenhang herstellen. (23)

Dabei gibt es drei Arten von Verknüpfungen mit unterschiedlichen Intensitätsgraden:

3.1 Die «schwache» Konjunktion

Die schwächste Art der Kopplung zwischen Satzinhalten, die in bezug aufeinander fehlgeformt sind, kann man mit dem Konnektiv *und* in positive Verbindung bringen.

3.2 Implizierte Kausative

Durch den Gebrauch der Konnektive
- während
- da
- wenn
- sobald
- bis
- bevor
- nachdem
- indem
- seit ...

kann man Aussagen anhand eines zeitlichen Zusammenhangs miteinander verbinden.

Mit seiner Hilfe kann man von einem Gedankengang zum anderen übergehen, ohne daß es einen Bruch gibt. Zum Beispiel kann man sagen: «Sie stehen an einem Strand und fühlen die warme Sonne auf der Haut, und Sie blicken zum Strand zurück, während Sie zum nächsten Schwimmzug ausholen.» Obwohl beide Gedanken nicht zusammengehören, *bekommen* sie anscheinend einen Zusammenhang, wenn man einfach nur diese verbindenden Wörter einfügt. Auf diese Weise kann man Gedanken, die inhaltlich gar nicht zusammenpassen, in Beziehung zueinander bringen. (24)

3.3 Explizierte Kausative

Durch den Gebrauch von Prädikaten, wie beispielsweise

- erfordern
- bewirken
- führen dazu
- verursachen
- voraussetzen
- weil
- wenn ... dann ...
- zwingen ...

setzt man eine notwendige Verbindung zwischen zwei Gedanken voraus. Diese Kausative zählen zu der stärksten Art von Verknüpfungen:

- Dein gleichmäßiges Ein- und Ausatmen *führt dazu*, daß sich von Atemzug zu Atemzug immer mehr Ruhe in Deinem Körper ...

- Der sagenhaft günstige Preis, die feine Verarbeitung und die lange Lebensdauer des Produktes X *bewirken* auch bei Ihnen ....

- Ich mache das aus dem einfachen Grunde, *weil* ...

- Gerade dieses Hintertreppenniveau dieser Parte *verursacht* – und das sage ich in aller Deutlichkeit und in aller Entschiedenheit – eine zweifellos unübertreffliche ...

Bei Verwendung dieser Verknüpfungsworte ist es am effektivsten, wenn man vorher mit der schwächsten Verknüpfungsart beginnt und dann stufenweise zu der stärkeren übergeht. (25)

4. Das steht schon mal fest ...!

Möchte der kompetente Kommunikator etwas postulieren, das nicht in Frage gestellt werden soll, dann sind referentielle Präsuppositionen (Vorannahmen) oder auch Existenzpräsuppositionen ein höchst wirkungsvolles Sprachmuster.

Peter von Polenz schreibt dazu:

> Eine Präsupposition ist eine nichtgeäußerte, aber mitgemeinte Nebenprädikation, deren WAHR-Sein nicht BEHAUPTET wird, sondern mit dem Äußern der Haupt-Aussage als selbstverständlich nur VORAUSGESETZT ist (oder wird). Da die Präsupposition nicht explizit geäußert wird, kann ihr auch nur dann WIDERSPROCHEN werden, wenn sie durch Heraustreten aus dem normalen Kommunikationsablauf, also nur metakommunikativ, ausformuliert wird. (26)

Dabei geht der Sender im allgemeinen so vor, daß er den Empfänger mit Prädikationen konfrontiert, welche die – zu suggerierenden – Annahmen als gegeben hinstellen. (27)
Es folgen die prägnantesten Präsuppositionsmuster.

4.1 Pseudo-Alternativfragen

Hier bietet man dem Gegenüber eine Wahl zwischen zwei oder mehreren Alternativen an, die jeweils alle in dieselbe gewünschte Richtung zielen.

Einige Servicekräfte aus dem Gastronomiegewerbe bevorzugen dieses Sprechhandlungsmuster, um höheren Umsatz zu erzielen. So fragen sie nicht: «Wünschen Sie einen Nachtisch?», sondern:

– Wünschen Sie zum Nachtisch Eis oder Pudding?

Auch manche Eltern machen es ähnlich – anstatt zu fragen, ob das Kind denn nun endlich ins Bett gehen möchte, sagen sie einfach:

– Möchtest Du lieber um 19.00 Uhr oder um 19.30 Uhr schlafen gehen?

Man wählt bei dieser Methode mindestens zwei Möglichkeiten, die aber beide in eine gewünschte Richtung führen. Dementsprechend hat der andere eine scheinbar freie Wahl, wobei er sich dann oft auch verpflichtet fühlt, eine Alternative zu akzeptieren. (28)

4.2 Temporale Nebensätze

Eine weitere Möglichkeit, um eine mitgemeinte Nebenprädikation vorauszusetzen, sind zeitliche Nebensätze, die mit implizierten Kausativen, wie z. B.

– bevor
– nachdem
– während
– seit
– wenn ...

eingeleitet werden. Auch durch diese Methode kann der Ober seinen Nachtisch erfolgreicher an die Gäste bringen:

– Möchten Sie noch etwas trinken, *bevor* Sie den Nachtisch bestellen?

Ebenso die Eltern:

– Möchtest Du noch Sandmännchen gucken, *ehe* Du ins Bett gehst?

Die Aufmerksamkeit der Frage lenkt sich auf den Hauptsatz, während der Inhalt des Nebensatzes vorausgesetzt wird. (29)

4.3 Organisatorische Mittel

Gliederungssignale:
- zuerst
- zunächst
- zweitens
- drittens ...

oder explizite Formulierungen:
- Um mit dem Letzten zu beginnen ...
- Das eine ist ...
- Um erst einmal ...

setzen eine Reihenfolge voraus oder als gegeben an bzw. verbinden mehrere Sprechabsichten.
- Wollen Sie *zuerst* X ansehen?
- *Zuerst einmal* möchte auf folgende Fragestellung ...

Durch diese Mittel wird implizit ausgedrückt, daß noch etwas folgt. Der Empfänger ist dahingehend oft geneigt zu akzeptieren, daß mehrere Gegebenheiten bestehen – die Aussage lenkt sich auf die Tatsache, was zuerst geschehen wird.
So «erschleichen» sich auch viele Politiker eine Redeverlängerung durch Anwendung derartiger organisatorischer Mittel. Werner Holly schreibt dahingehend weiter:

> Dabei folgt nicht immer *zweitens* und es ist auch nicht immer gewährleistet, daß tatsächlich eine homogene Struktur der Äußerung vorliegt, aber es entsteht der Eindruck von geordneter Argumentation. Dazu gibt es viele Varianten; wir nennen nur aus unseren beiden Sendungen: *und das zweite ist* ...; *das eine ist* ...; *die zweite Frage ist* ...; *das zweite, was ich ihnen sagen möchte* ... [...] (30) (31)

4.4 Verben des Wahrnehmens

Verben der Wahrnehmung wie:
- wissen
- merken
- empfinden
- wahrnehmen
- erkennen
- bemerken ...

werden oft benutzt, um den Rest des Satzes als vorausgesetzt anzunehmen.

- *Empfinden* Sie nicht auch, wie angenehm es sein kann, auf diesem Sessel zu sitzen?
- Haben Sie *bemerkt*, wie schön die Statue diesen Raum schmückt?
- *Erkennen* Sie jetzt endlich, daß diese Partei nicht lügt?
- *Wissen* Sie eigentlich schon, wie lecker die neuen Kekse schmecken?
- Haben Sie *wahrgenommen*, daß dieses einzigartige Leasingangebot nur Vorteile mit sich bringt?

Es wird nicht gefragt, ob es sich angenehm auf dem Sessel sitzen läßt, ob die Statue den Raum verschönert, die Partei ihre Versprechen hält, die neuen Kekse schmecken oder das Angebot gewisse Vorteile mit sich bringt – wobei man mit *Ja* und *Nein* antworten könnte. Hier lenkt sich die Aufmerksamkeit auf das *Empfinden, Bemerken, Erkennen, Wissen* und *Wahrnehmen*, damit diesem Urteil schwerer – nur durch Heraustreten des Kommunikationsablaufes in Form von einer Metakommunikation – widersprochen werden kann. (32)

4.5 Kommentierende Adjektive und Adverbien

Adverbien und Adjektive wie
- generell
- bedauerlicherweise
- offensichtlich
- zweifelsohne
- grundsätzlich
- erschreckenderweise
- sicherlich
- zweifellos
- notwendigerweise
- erstaunlicherweise
- dankenswerterweise
- glücklicherweise
- prinzipiell
- dummerweise
- beklagenswerterweise ...

setzen einen Bezugspunkt voraus, der nicht in Frage gestellt wird:
- *Offensichtlich* möchten Sie auch einen Nachtisch zu sich nehmen.
- *Erstaunlicherweise* ist der Film miserabel gewesen.
- *Dummerweise* haben Sie sich für den Politiker Y entschieden.

Durch die Anwendung solcher kommentierenden Worte scheint die Hauptaussage als selbstverständlich. Alles was nach dem Adverb oder Adjektiv folgt, wird vorausgesetzt. Darüber hinaus bieten diese Worte eine weitere Möglichkeit, um sich vom Inhalt zu distanzieren und ihn zu typisieren. (33)

5. Dialektik

Von Sokrates über Platon, Hegel, Schopenhauer, Erickson bis hin zu den «aktuellsten» psychotherapeutischen Interventionstechniken, politischen Strategien, journalistischen Interpretationen, Verkaufsverhandlungen oder ausgeklügelten Werbefeldzügen, wird die Dialektik immer wieder neu entdeckt und systematisch eingesetzt.

Ursprünglich diente sie dazu, im Wechselgespräch die Wahrheit zu finden – im Sinne einer angewandten Logik. Doch wandelte sich die Dialektik im Laufe der Zeit in ein Werkzeug, um Verhandlungen zu führen und zu überzeugen.

Folgendes Beispiel soll uns nun das Verständnis der heutigen Dialektik näherbringen:

Vor einer dampfend heißen Badewanne stehen zwei Männer. Der eine ist schmutzig, der andere ist sauber. Wer wird wohl das Bad nehmen?
– Der Schmutzige.
Nein, der Saubere. Denn der Reinliche ist es gewohnt zu baden und hat es gern, der Schmutzige nicht.
Wer also? – Der Saubere.
Nein, der Schmutzige, denn der hat das Bad nötig, der Saubere nicht.
Wer nimmt das Bad?
– Der Schmutzige.
Nein, beide. Der Saubere ist es gewohnt zu baden und der Schmutzige hat es nötig.
Wer nun? – Beide.
Falsch. Keiner. Der Schmutzige ist es nicht gewohnt zu baden, und der Saubere braucht das Bad nicht.

An diesem Beispiel erkennt man, daß ein dialektisch geschulter Sprecher seinen Gesprächspartner in dessen Meinung bewußt mit Zustimmung bekräftigen kann oder ihn mit Widersprüchen zu dementieren vermag.

Das Wesen einer überzeugenden Dialektik basiert im einzelnen auf der Umwandlung der Gesamtbedeutung einer konstanten Sachlage in einen anderen begrifflichen oder emotionalen Kontext mit Hilfe der gezielten Ausrichtung der Sprache (Siehe auch

Kapitel IV.3 – Anker in der Sprache). Dieser Sachverhalt kann interessanterweise, je nach Sichtweise, eine andere Klassifikation von Konstrukten einer Gesellschaft definieren und als primär real bezeichnen.

Ein Objekt oder ein Sachverhalt kann in viele Klassenzugehörigkeiten eingeordnet werden. Mal ist bei dem Badewannenbeispiel die *Gewohnheit* primär relevant, ein anderes mal ist es die *Notwendigkeit*, welche als ausschlaggebende Klassifikation definiert ist. – Je nach Nutzung und Sichtweise des Einzelnen, erscheint die eine, dann wiederum die andere Klasseneinteilung als übergeordneter Gesichtspunkt, um den Anderen zu überzeugen.

Ein professioneller Verkäufer macht es genauso. Wenn er beispielsweise einen luxuriösen Wagen verkaufen möchte, dann findet dieser Händler erst das individuelle Wertesystem des Kunden heraus und präsentiert danach das Produkt mit den – für den Käufer – überzeugenden Klassifikationen:

Ist es ein konservativer Typ, der sich über die Höhe des Preises wundert, so argumentiert der Verkäufer mit der dafür verbundenen *Sicherheit*, *Robustheit* und *Langlebigkeit*.

Ist es bei demselben Wagen hingegen ein Lebemann, der sich fragt, weshalb er diese Anschaffung machen solle, so präsentiert der Händler das Fahrzeug unter den Aspekten *Schnelligkeit, modernes prestigebezogenes Design* oder *Anerkennung*.

Paul Watzlawick bemerkt in ähnlicher Hinsicht:

> Wie in allen anderen Fällen führt auch hier natürlich nicht irgendeine Umdeutung zum Ziel, sondern nur eine, die sich mit dem Denken und der Wirklichkeitsauffassung der Betroffenen vereinbaren läßt. (34)

Würde der Verkäufer den Lebemann mit den Argumenten des konservativen Typs konfrontieren, so blieben diese wahrscheinlich ohne große Wirkung auf ihn.

In der Werbung untersucht man z. B. zuerst die Zielgruppen, die das betreffende Produkt kaufen sollen. Dabei gelingt es häufg, völlig verschiedene Interessentenkreise zum Kauf zu animieren. Das geschieht, indem jeder Käufergruppe die jeweils relevanten Anmutungen (erstrangige Klassenzugehörigkeiten), wie *Freiheit, Unabhängigkeit, Prestige, Gewinnmaximierung, Zeitersparnis, Attraktivität, Erfolg,* usw. vermittelt und mit dem Produkt verknüpft werden.

Erfolgreiche Pädagogen arbeiten ebenfalls mit diesem Sprechhandlungsmuster. Durch die geschickte Verbindung der momentanen Wirklichkeit (die individuellen relevanten Klassifikationen) des Schülers mit dem zu vermittelnden Lernstoff, schaffen es manche Lehrer, ein bestimmtes Interesse für das Thema zu wecken und den Lernenden dadurch zu motivieren.

Wenn der Schüler sich beispielsweise nicht für den Deutschunterricht motivieren kann, so scheint es im Rahmen der Dialektik angebracht, die Hobbys mit dem Fach zu verknüpfen. Ist der Unmotivierte ein begeisterter Fußballspieler, so spornt ihn ein dialektisch geschulter Pädagoge vielleicht mit folgender Begründung an:

«Wenn Du ein berühmter Fußballprofi werden willst, dann ist es letztendlich sehr wichtig, sich verbal verkaufen zu können. Denn die Leistung jedes Spitzenspielers beinhaltet auf bestimmten Ebenen ein nahezu gleich hohes Spielniveau. Gerade hier sind die richtige Beherrschung und der geübte Umgang mit der deutschen Sprache notwendig, um sich den Medien, den Managern und den Trainern besser zu verkaufen bzw. seine Ziele durchzusetzen und die Zuschauer auf seine Seite zu bringen. Die Wortgewandtheit und Schlagfertigkeit sind das Wesentliche, was prinzipiell den erfolgreichen Profi von den anderen unterscheidet.»

Durch geschicktes Umdeuten läßt sich immer eine auf- und abwertbare Relevanz entwickeln. (35)

6. Verwirrung

Eine absichtlich geplante Konfusion kann die momentane bewußte Denkhaltung des Menschen kurzfristig blockieren bzw. ablenken oder aufheben. Dabei ist man innerhalb des Überraschungszeitraums sehr offen und empfänglich für neue Informationen. Zum einen erscheint es sehr nützlich, um festgefahrene Gedankenrichtungen durch eine innere Suche zu neuen Erlebnissen und Lernweisen zu verhelfen. Zum anderen sind wir in diesem kurzen Augenblick jedoch auch überaus aufnahmefähig für Suggestionen:

> Im täglichen Leben schreckt uns oft ein lautes Geräusch, so daß wir «erstarren», das heißt, daß momentan jede Körperbewegung gehemmt ist; der Schreck versetzt uns in eine kurze Trance, während das Unbewußte in rasendem Tempo nach einer Erklärung für den Vorfall sucht. Vielleicht stellt sich blitztartig die Erkenntnis ein, daß es sich nur um einen Auspuffknall handelt, worauf sich die Spannung wieder löst. Wenn aber genau in diesem Augenblick jemand die Suggestion «Bombe!» ruft, dann werden wir fast sicher zusammenzucken, uns in Panik umsehen oder auf den Boden werfen, um uns zu schützen. Der Alltag ist voll von weniger dramatischen Beispielen unerwarteter Schocks, die uns erschrecken und überraschen [...] (36)

Eine momentane Verwirrung durch ein lautes Geräusch oder auch ein unerwartetes Ereignis läßt eine kurzfristige Verständnislücke entstehen, die eine große Aufnahmebereitschaft gebärt. (37)

Hierbei sind den unerwarteten Ereignissen in der normalen Kommunikation kaum Grenzen gesetzt.

Ob nun jemand zusammenhanglos mathematische Fragen stellt, Wortspiele, Vulgärausdrücke, schockierende tabuisierte Begriffe anwendet oder einen Scherz macht:

Durch solche einfachen Mittel bringt [...] [der Sender] die üblichen, begrenzenden bewußten Haltungen in Unordnung und weckt ein Bedürfnis nach Erklärung und Neustrukturierung. Eine «Ja»- oder Annahme-Haltung wird ermöglicht [.] (38)

Zur Anwendung der Vulgärsprache zwecks Verwirrung heißt es:

> Man könnte die Theorie aufstellen, daß die Vulgärsprache eine Form des Schockierens sei, die sich in den meisten Kulturen entwickelt habe, um die Zuhörer wachzurütteln, damit sie für das Gesagte aufnahmebereiter sind und sich leichter davon beeinflussen lassen. (39)

Das Bedürfnis aus der Verwirrung herauszukommen und einen neuen Sinnbezug zu entdecken, löst bei dem Betroffenen eine besonders starke Bereitschaft aus, sich an die nächste, konkrete Information zu klammern, um dadurch die Sinnfragmente neu und verständlich zu organisieren. Daher nutzen auch geschickte Pädagogen, Verkäufer, Schauspieler, Werbeexperten, Therapeuten oder Religionsführer dieses Mittel, um innerhalb der Verwirrungsphase gewohnte neurale Bahnen zu unterbrechen und Suggestionen zu verwurzeln. (40)

Selbst Paul Watzlawick schreibt im Hinblick auf eine effektive Annahme von dialektischen Umdeutungen einer Sachlage (siehe Kapitel V.5):

> Eine solcherarts absichtlich erzeugte Konfusion leitet daher in besonderer wirkungsvoller Weise eine Umdeutung ein [...] (41)

Selbst die festgefahrensten Meinungen können durch solche Verwirrungsphasen gelockert und für Umdeutungen aufnahmefähiger gemacht werden.

7. Versteckte Anweisungen

Bei einem normal organisierten Rechtshänder ist die rechte (nicht-dominante) Gehirnhemisphäre sehr sensibel und aufnahmefähig für paralinguistische Einflüsse. Angefangen von der Gestik und Mimik bis hin zu tonalen Aspekten wie Sprachmelodie,

Sprachrhythmus, Lautstärke sowie Sprechpausen, können Feinheiten unterschieden werden. Die rechte Gehirnhälfte prozessiert intuitiv und entscheidet Gesamtzusammenhänge mit einer unformalen Logik.

Obwohl generell gesagt wird, daß die dominante (meist linke) Gehirnhemisphäre die Sprache mit ihren komplexen Sprachstrukturen erzeugt, versteht und verarbeitet, ist auch die nicht-dominante Hirnhälfte in der Lage, einfache Sprachformen (Ein- oder Zwei-Wort-Sätze in einer Babysprache) zu verstehen und anzunehmen.

Verknüpfen sich nun einfache verbale Botschaften mit paralinguistischer Betonung, so registriert die dominante linke Hemisphäre die einfachen Sprachformen nicht bewußt. Hierbei ist die Art der Betonung variabel, um eigenständige Mitteilungen hervorzuheben und das Bewußtsein des Empfängers zu unterwandern.

John Grinder verdeutlicht in einem seiner früheren Praxisseminare, wie man lernt, solche geheimen Handlungsanweisungen zu beherrschen (die analogen paralinguistischen Markierungen sind kursiv gedruckt):

> Nehmen Sie etwas Einfaches, zum Beispiel wie er sich die Nase reibt, die Beine übereinanderschlägt oder aufsteht und Ihnen Kaffee holt – was Sie wollen. Dann fangen Sie an, über irgend etwas mit ihm zu sprechen und flechten in die Konversation die Instruktionen für die Reaktion ein, die Sie sich ausgesucht haben. Bauen Sie die Anweisungen so ein, daß es immer nur ein Wort oder eine Aussage ist, die Sie mit der Stimme oder eine Geste markieren, so daß Ihr Partner auf eine eindeutige Botschaft reagieren kann. Sie sehen, mit dem, was wir bis jetzt [...] herausbekommen haben, haben wir erst die Oberfläche *angekratzt* [...] Ich hoffe es wird eine *erhebende* Erfahrung. Aber Sie sollen sie an diejenigen aus*händigen*, die ihren Möglichkeiten ins *Gesicht* sehen ... Und jetzt gibt es im Raum schon etliche Leute, die ihre Hand zum Gesicht gehoben haben und sich die Nase kratzten – so einfach geht das. (42)

Allein schon im Tonfall stecken variable Möglichkeiten, um einzelne Worte aus einem Satz hervorzuheben und dem Empfänger unbewußte Anweisungen zu suggerieren. Hierbei genügt bereits eine Veränderung der Betonung, indem die zu markierenden Worte lauter oder leiser bzw. langsamer oder schneller ausgesprochen werden.

Das Ganze bekommt eine noch größere Wirksamkeit, wenn man die dominante Hemisphäre durch komplexe syntaktische Strukturen (verschachtelte Sätze mit unspezifischen Prädikaten, Negationen und Passivkonstruktionen) überlastet:

> *Wenn Du glaubst, daß das, was Du meinst, Dich nicht daran hindert, den Umstand zu vermeiden, daß sämtliche statistisch verifizierbaren Aussagen zu jeder Zeit veränderbar sind, dann bist Du anscheinend durchaus in der Lage, all die Dinge, die in Deinem Denken ablaufen, klarer werden zu lassen, als sie es je zuvor waren.*

Solch ein subliminales Markieren kann nahezu überall angewendet werden, um z. B. verdeckte Anweisungen oder auch Fragen zu übermitteln. (43)

8. Verneinte Appelle

Negationen existieren nur in der Sprache, nicht aber in der primären Erfahrung, im Erleben eines Menschen. Wenn ich beispielsweise sage: «Bitte denken Sie nicht an einen roten Elefanten, der Fahrrad fährt» – so muß man sich erst diese Erfahrung (ein spezifisches Set an Repräsentationen) zugänglich machen, um den Satz verstehen zu können und zu verneinen.

> Verneinte Befehle kann man wirkungsvoll einsetzen, indem man das, was man herbeiführen will, sagt und ein *nicht* einfügt.
> «Ich möchte *nicht*, daß Sie sich allzu wohl fühlen.»
> «Sie sollten *nicht* zuviel Vergnügen daran finden, verneinte Befehle anzuwenden.»
> Im allgemeinen wird der Zuhörer so reagieren, daß er erlebt, wie es ist, sich wohlzufühlen oder Vergnügen daran zu finden, verneinte Befehle anzuwenden und auf diese Weise diesen Satz zu verstehen. (44)

Gerade bei denjenigen, die extrem *polar* reagieren – also sich immer gegenteilig verhalten – ist die Anwendung der Negation besonders effektiv, da sie aus ihrem eingefahrenen Verhalten nicht heraus können und entsprechend handeln müssen.

Darüber hinaus zeigten Forschungen, daß es um 30 Prozent schwieriger ist, eine Verneinung zu verstehen, als eine positive Prädikation. In dem Sinne beschäftigen negierte Aussagen die Aufmerksamkeit des Empfängers stärker, so daß anzubringende beabsichtigte Suggestionen weniger perzipiert werden. Darum verwenden einige Politiker auch vorwiegend negierte oder sogar doppelt negierte Antworten, damit der erfragte Inhalt schlechter zu verstehen und anzugreifen ist. (45)

9. Kleine Feinheiten

Bestimmte Füllwörter (Partikel) verfügen über keine eigene Bedeutung, können aber den Satzinhalt (vor allem in der gesprochenen Sprache) erheblich beeinflussen. Durch Anwenden solcher Partikel lenkt sich die Meinung in bestimmte Richtungen. Je nach Benutzung kann ein und dasselbe Füllwort eine Aussage z.B. verstärken bzw. abschwächen.

So gibt es eine Reihe von Abtönungspartikel, wie

> aber, bloß, doch, eben, eigentlich, einfach, etwa, halt, immerhin, ja, jedenfalls, mal, nur, schließlich

die dann zu finden sind, wenn ein Sprecher seine eigenen Aussagen oder die des anderen entwertet.

Genauso existieren auch Verstärkungspartikel, die eine Aussage unterstreichen:

> absolut, besonders, doch, ganz, höchst, ja, schließlich, sehr, überaus, viel, vollkommen, weitaus, wohl, ziemlich

Vor allem in *Suggestivfragen* bei denen der Fragende den Gesprächspartner in eine bestimmte Richtung lenken will, sind solche Partikel sehr oft zu finden:

– Sie wollen *doch bloß* ...

- Sind Sie *etwa* gegen ...
- Sie glauben *doch* auch, daß ... (46)

10. Verhüllte Fragen

Bettet der Sender seine Fragen in Feststellungs-Vermutungen, so wird ein Reaktionspotential beim Empfänger suggeriert, auf das er oft antwortet, obwohl keine Frage gestellt wurde:

- *Es würde mich wirklich interessieren*, ob Sie noch etwas trinken möchten. (Was wollen Sie trinken?)
- *Ich frage mich die ganze Zeit*, wie Sie eigentlich heißen. (Wie heißen Sie?)
- *Ich würde gerne wissen*, ob Sie Lust haben, mit mir auszugehen. (Gehen Sie mit mir aus?)
- *Ich bin wirklich neugierig*, ob Sie heute ins Kino gehen wollen. (Wollen Sie heute ins Kino gehen?)
- *In mir brennt schon seit Stunden die Frage*, wie Sie sich wohl entscheiden werden. (Wie entscheiden Sie sich?)
- *Ich überlege schon die ganze Zeit*, woher ich Sie kenne. (Woher kenne ich Sie?)

Dieses Sprechhandlungsmuster ist eine elegante und behutsame Möglichkeit, um an Informationen zu gelangen – im Journalismus nicht unbekannt. (47)

11. Getarnte Aufforderungen

Aufforderungen, die als Fragen getarnt sind, bezeichnet man auch als Konversationspostulate, die statt einer Ja/Nein-Antwort eine bestimmte Reaktion bewirken:

- Kannst Du den Müll rausbringen?
  (Bring den Müll raus!)
- Ist der Vertrag schon unterschrieben?
  (Unterschreib den Vertrag!)
- Ist der Tisch gedeckt?
  (Deck den Tisch!)

In allen Fällen identifiziert der Sprecher, was das beabsichtigte Ergebnis als Vorannahme impliziert. In dem Beispiel «Deck den Tisch» – setzt man voraus, daß

- der andere in der Lage ist, den Tisch zu decken.
- der Tisch noch nicht gedeckt ist.

Daraufhin wandelt der Sprecher eine dieser Voraussetzungen in eine geschlossene Frage – die man nur mit Ja oder Nein beantworten kann – um: «Kannst Du den Tisch decken?», «Ist der Tisch noch nicht gedeckt/steht noch nichts auf dem Tisch?» und bewirkt eine Handlungsreaktion. (48)

12. Gelenkter Widerstand

Gibt es Möglichkeiten, um einen Widerstand gegen ein bestimmtes Verhalten hervorzurufen? Egal, wie überzeugt man von diesem Verhalten ist?

Was würden Sie machen, vorausgesetzt es besteht positiver Kontaktfluß, wenn sie Verkäufer wären und einen extrem mißtrauischen Kunden vor sich haben? Wenn Sie Lehrer wären und die Schüler Sie fragen würden, ob dieses Thema überhaupt nützlich ist? Wenn Sie Therapeut wären und Ihr Klient sich mit seinen Verhaltensweisen unzufrieden zeigen würde, sich aber dennoch nicht ändern will? Wenn Ihr Kind die Mütze nicht tragen möchte?

Die meisten reden sich um Kopf und Kragen und versuchen die Nützlichkeit oder Notwendigkeit einer Sache hervorzuheben.

Das entwickelt zwar oft ein noch größeres Vertrauensverhältnis, doch ist die Wahrscheinlichkeit, daß der andere mit großer Eigendynamik danach handelt, nicht sehr groß.

Meistens besteht in dieser Kommunikationsform ein zweiseitiges Rollenverhältnis, das sich die Waage hält:

der	gegenüber	dem
Unmotivierte	–	Motivierenden
Mißtrauische	–	Erklärenden
Unzufriedene	–	Aufmunternden
Jammernde	–	Tröstenden
Streitlustige	–	Besänftigenden
Rücksichtslose	–	Hinweisenden

Falls bei diesem typischen Rollenspiel keine Änderung im Verhalten des Unmotivierten, Mißtrauischen usw. eintritt, so gibt es hier eine andere Möglichkeit, um das Spiel zu unterbrechen.

Haben Sie schon einmal einen erfahrenen Judoka bei seinen Aktionen analysiert? In Situationen, wo der Angreifer sein ganzes Gewicht einsetzt, um den anderen wegzudrücken oder zu schubsen, bäumt sich der geübte Verteidiger nicht in die Gegenrichtung der Kraft auf – wie man es erwarten würde – sondern nutzt geschickt die ankommende Masse, um diese mit einer einzigen Zugbewegung mühelos aus dem Gleichgewicht zu bringen; dadurch verliert der Angreifer die Kontrolle über seinen Schwerpunkt und muß so schnell wie möglich der Kraft in anderer Richtung entgegenwirken, um nicht am Boden zu liegen. Andersherum genauso: zerrt der Herausforderer den erfahrenen Judoka zu sich her, so reißt der Verteidiger nicht dagegen an, sondern schiebt zusätzlich in die gleiche Richtung. Auch hier hilft dem anderen nur ein Richtungswechsel, um der Hilflosigkeit seiner selbst entgegenzuwirken.

Der Judoka hebelt seinen Gegner ohne große Kraftanstrengungen aus, weil er die von dem Angreifer gewünschte Richtung plötzlich übernommen hat und diese noch *verstärkt*. Mehr desselben bewirkt schließlich die gewünschte Richtungsänderung.

Watzlawick schreibt in ähnlicher Hinsicht weiter:

> Diese einfache und logische Form der Problemlösung gilt nicht nur für viele Situationen des Alltagslebens, sondern auf ihr beruhen auch unzählige Interaktionsprozesse in der Physiologie, Neurologie, Physik, Volkswirtschaft und vielen anderen Gebieten. (49)

Genauso im Gespräch. Wir bilden nicht den Gegenpol, an dem der Gesprächspartner sich weiter erbauen kann, sondern machen immer das Gegenteil von dem, was der andere gewohnt ist. Wir schlagen uns auf die andere Seite und zwar mehr, als dem Partner lieb ist.

Nehmen wir uns als Beispiel eine Menschengruppe, die permanent gefallen daran findet, sich selber und andere Mitmenschen, Gegenstände oder Gegebenheiten bodenlos abzuwerten: der notorische Nörgler, der es auch bei nahezu allen unscheinbaren Kleinigkeiten schafft, herumzumäkeln. Ob nun über die Nachbarn, das Fernsehprogramm, den Freund der Schwester des Bekannten, das Auto Y, die eigene Haarfrisur, Gesichtsform, Kleidung, Persönlichkeit oder selbst die für andere unscheinbare Ohrläppchenasymmetrie. Sein Gegenpart ist bei Freunden meist der

Beschwichtiger/Aufmunternde, welcher immer wieder die guten Seiten einer Sache hervorhebt bzw. versichert, wie attraktiv und liebenswert der andere doch sei und wieviel dieser doch schon geleistet hat.

In den meisten Fällen nimmt der Nörgler die Aufmunterungen gar nicht an und neigt auch weiterhin zu seiner bevorzugten Demontage. Hier hilft oft kein Entgegenstellen, sondern ein verbales Bewegen in die gleiche Richtung, damit der Widerstand in andere Bahnen gelenkt wird.

Ist der andere zu Tode betrübt, weil er gerade entdeckt hat, daß seine Augenbrauen «viel zu weit auseinander stehen» oder sein Gesicht nicht «oval genug erscheint», dann ist in solchen Fällen meist eine Verstärkung in gleicher Richtung wirkungsvoll und provoziert einen innerlichen Protest. Zustimmungen und übertriebene Bemerkungen mit einem ironischen Unterton, wie

– Es stimmt. Jetzt wo Du es sagst ...

– Hast Du schon einmal daran gedacht, als Darsteller in Frankensteinfilmen oder Geisterbahnen zu arbeiten? ...

– Übrigens ... wo ich jetzt gerade Deine Kopfform betrachte, steigt in mir die unsagbare Lust auf, mal wieder Billard zu spielen!

etablieren paradoxerweise eine Umlenkung in eine «So-schlimm-ist-es-nun-auch-wieder-nicht-Richtung».

Seien es nun Unzufriedenheit, Lustlosigkeit, Unfreundlichkeit oder Pessimissmus, mit einer gewissen Portion Respekt (nonverbaler Kommunikationsfluß) zeigt die übertriebene Zustimmung bei psychisch stabilen Menschen eine große Wirkung. (50)

13. Metaphorische Sprachmuster

Unter metaphorischen Sprachmustern wird in diesem Buch jede Art von Geschichte oder Sprachfigur verstanden, die einen Vergleich beinhaltet – also von einfachen bildhaften Vergleichen und Gleichnissen über Allegorien bis hin zu Parabeln und längeren Erzählungen. Hierbei wird die evokative Sprache oft genutzt, um anderen Menschen einen Tatbestand im eigenen Sinne zu erklären und diesen dadurch akzeptabel zu machen bzw. zu begründen.

Karl Otto Erdmann schreibt über die Ausnutzung von metaphorischen Sprachmustern:

> Jeder phantasiebegabte Redner, dem sie zuströmen, ist von vornherein im Vorteil und der größeren Wirkung gewiß. Sie sind immer ein prächtiger Schmuck der Rede und auch als Überredungsmittel gewiß nicht zu beanstanden, solange sie nichts bezwecken, als zu erläutern und zu veranschaulichen. Zu einem Trug werden Sie dort, wo ihnen Beweiskraft untergeschoben wird und wo ernsthafte *Folgerungen* aus ihnen gezogen werden. Denn niemals wird mit einem Bilde etwas bewiesen, und es ist unsinnig zu glauben, daß, wenn zwei Dinge sich in *einer* Hinsicht gleichen, sie sich auch in einer anderen oder gar in jeder Hinsicht gleichen müßten. Aber gerade das wird willig geglaubt und darum ist es so leicht, durch schlagkräftige Analogien das Falscheste einleuchtend zu machen. (51)

So kritisierte beispielsweise im August 1980 der damalige Oppositionspolitiker Norbert Blüm die Nichtanwendung des Ausbildungsgesetzes folgendermaßen:

> «Der Staat hat so ein Ausbildungsgesetz erlassen, von dem die Sozialliberalen sich nicht trauen, es anzuwenden. Das ist so, wie wenn Sie sich eine Maschine kaufen, aber Angst haben, sie anzustellen, weil die Sicherung durchfliegt.»

Wolf Ruede-Wissmann kommentiert dazu:

> Das entscheidende Merkmal dieser Vorgehensweise besteht darin, daß das vorangestellte Argument unbewiesen entweder richtig oder falsch sein kann – die Analogie und der Analogieschluß sollen eines von beiden aber durch bildliche Vergleiche beweisen. Das ist natürlich sehr windig und hat über-

haupt nichts mit logischer Argumentation zu tun, aber es ist sehr publikumswirksam und meist von hoher Wirkungskraft. (52)

Nahezu überall findet man für dieses Suggestionselement eine passende Verwendung. Metaphern sind in der Lage, schnell und umfassend intensive Gefühle hervorzurufen. Auch bleiben sie besser im Gedächtnis haften als nicht-metaphorische Worte und können vorhandene Bilder nach den jeweiligen Erfordernissen verändern und ergänzen.

Darüber hinaus können metaphorische Sprachmuster indirekt Vorschläge, neue Sinnzusammenhangsverständnisse, Kritik oder diverse Beeinflussungselemente anbringen (Analoges Markieren, Nominalisierungen ...), ohne daß der Empfänger etwas merkt bzw. sich angegriffen fühlt; denn durch diese Sprachform werden Subjekt und Objekt auf einer tiefen strukturellen Ebene vertauscht und umgehen dadurch den normalen psychischen Abwehrmechanismus des Menschen. Man ist nur Zuhörer – weder die eigene Meinung noch das persönliche Verhalten werden kritisiert.

Dabei ist es wichtig, daß man einen Kontext und eine Rollenverteilung von Charakteren benutzt, mit denen sich der Empfänger identifizieren kann, wobei auch Geschichten oder Zitate herausragender Menschen sowie personifizierte Gegenstände metaphorische Wirkung zeigen können. (53)

VI. Ausblick

Es ist wichtig, darauf hinzuweisen, daß diese suggestiven Elemente zwar gewisse Verhaltensmodifikationen bewirken, es sich beim Empfänger jedoch um einen lebenden Organismus handelt, der nicht mit einem vollständig erklärbaren deterministischen System verglichen werden darf. Wenn beispielsweise eine Billardkugel mit einer bestimmten Wucht, unter einem spezifischen Winkel und mit einer bestimmten Energie auf eine zweite Kugel trifft, so ist es durchaus möglich, die Ruheposition exakt zu definieren. Bei lebenden Systemen verhält es sich jedoch anders: Diese weisen zwar höchst interessante Berührungsflächen im Vergleich zu logischen Grundansätzen auf, doch befinden sie sich immer in einem ständigen, inhärenten konservativen Wandel. Kommunikation beruht auf ständig wechselnden Prozessen subjektiver Reflexion. Daher wird es wohl kaum eine feststehende statische Formel und kein System der Logik und Sprache geben, das man komplett kontrollieren und vorherbestimmen kann.

Ein kommunikatives Instrumentarium ist nie allein ein Garant für ein gewünschtes Ergebnis. Erst die Fähigkeit, multiple Verhaltensweisen hervorrufen zu können bis die angestrebte Reaktion ausgelöst wird, zeichnet professionelle Kommunikatoren aus.

VII. Anmerkungen

Einführung und Kapitel I

1. Vgl. Robert B. Cialdini, *Die Psychologie des Überzeugens*, 1997, S. 17–21.
   auch ders., *Einfluß*, 1984, S. 23–24.
2. Dudenverlag, *Deutsches Universalwörterbuch A–Z*, 1989, S. 1498.
3. Vgl. Robert Rosenthal, «Der Pygmalion-Effekt lebt», *Psychologie heute* (Juni 1975): S. 18 ff.
4. Paul Watzlawick, *Wie wirklich ist die Wirklichkeit?*, 1993, S. 42.
5. Vgl. ebd., S. 41–46.
   auch Oskar Pfungst, *Das Pferd von Herrn Osten (Der Kluge Hans)*, 1907.
6. John Ginder u. a., *Therapie in Trance*, 1984, S. 275.
7. Vgl. auch ähnlich bei Alexa Mohl, *Der Zauberlehrling*, 1993, S. 35–38.
8. John Grinder, 1984, S. 270.
9. Vgl. Michael Argyle, *British Journal of Social and Clinical Psychology*, Bd. 9, 1970, S. 222–232.
   auch Joseph O'Connor u. a., *Neurolinguistisches Programmieren: Gelungene Kommunikation und persönliche Entfaltung*, 1994, S. 45.
10. Berthold Ulsamer, *Exzellente Kommunikation mit NLP*, 1993, S. 111.
11. Alexa Mohl, 1993, S. 58.
12. Milton H. Erickson u. a., *Hypnotherapie*, 1993, S. 14.
13. Vgl. Richard Bandler u. a., *Neue Wege der Kurzzeittherapie*, 1985, S. 101–104.
    auch John Grinder u. a., 1984, S. 64.
    auch Alexa Mohl, 1993, S. 55–58.
    auch Giorgio Nardone u. a., *Irrwege, Umwege und Auswege*, 1994, S. 66–68.
    auch Joseph O'Connor u. a., 1994, S. 43–49.
    auch Berthold Ulsamer, 1993, S. 110–114.
14. Richard Bandler u. a., 1985, S. 104.
15. Vgl. ebd., S. 101–104.
    auch John Grinder u. a., 1984, S. 64–65.
    auch Alexa Mohl, 1993, S. 58–61.
    auch Joseph O'Connor u. a., 1994, S. 49–51.
    auch Berthold Ulsamer, 1993, S. 110–114.
16. Vgl. Gustave Le Bon, *Psychologie der Massen*, 1957, S. 53.

17. Vgl. Robert B. Cialdini, 1997, S. 207.
18. Ebd., S. 205–208.
19. Giorgio Nardone u. a., 1994, S. 68.
20. Richard Bandler u. a., 1985, S. 102.
21. Ebd.
22. John Grinder u. a., 1984, S. 27.
23. Vgl. Robert Cialdini, 1997, S. 149.
    auch D. O'Connor, 1972 «Relative efficacy of modeling, shaping and the combined procedures for modifikation of social withdrawal». *Journal of Abnormal Psychology*, 79, S. 327–334.
24. Giorgio Nardone u. a., 1994, S. 60.
25. Vgl. Bandler u. a., 1985, S. 102–104.
    auch Vera F. Birkenbihl u. a., *Einstieg in das Neuro-Linguistische Programmieren*, 1993, S. 19–22.
    auch John Grinder u. a., 1984, S. 64–65.
    auch Alexa Mohl, 1993, S. 60–61.
    auch Giorgio Nardone u. a., 1994, S. 59–60 u. S. 66–68.
    auch Joseph O'Connor u. a., 1994, S. 51–53.
    ähnlich auch bei Milton H. Erickson u. a., *Hypnose*, 1994, S. 8–10.

Kapitel II

1. Richard Bandler u. a., 1985, S. 46.
2. Berthold Ulsamer, 1993, S. 117.
3. Vgl. Vera Birkenbihl u. a., 1993, S. 14–16.
   auch Joseph O'Conner u. a., 1994, S. 85–87.
   auch Robert Dilts u. a., *Strukturen subjektiver Erfahrung*, 1989, S. 86.
   auch John Grinder u. a., *Kommunikation und* Veränderung, 1982, S. 14–23.
4. Alexa Mohl, 1993, S. 49.
5. Robert Dilts u. a., 1989, S. 93.
6. Ders., *Know-how für Träumer*, 1994, S. 390.
7. Richard Bandler u. a., 1985, S. 54.
8. Ebd., S. 44.
9. Ebd., S. 39.
10. Vgl. Richard Bandler u. a., 1985, S. 35–57.
    auch ders., *Bitte verändern Sie sich ... jetzt!*, 1991, S. 21 u. S. 156.
    auch Robert Dilts u. a., 1989, S. 93–98.
    auch ders., 1994, S. 42 u. S. 94.
    auch Joseph O'Connor u. a., 1994, S. 66–75.
    auch Alexa Mohl, 1993, S. 49–53.

11. Robert Dilts u. a., 1989, S. 99.
    Anm.: Untersuchungen am EEG (Elektroencephalographie)-Gerät unterstützten diese Behauptungen (Vgl. Robert Dilts u. a., 1989, S. 115–116).
12. Vgl. ebd., S. 97–99.
    auch Robert Dilts u. a., 1994, S. 93–94.
    auch Richard Bandler u. a., 1985, S. 64.
    auch Joseph O'Connor u. a., 1994, S. 76.
13. Vgl. Robert Dilts u. a., 1989, S. 100.
    auch ders., 1994, S. 93–94.
    auch Joseph O'Connor u. a., 1994, S. 76.
14. Vgl. Robert Dilts u. a., 1989, S. 99–100.
    auch ders., 1994, S. 93–94.
    auch Joseph O'Connor u. a., 1994, S. 76.
15. Robert Dilts u. a., 1989, S. 98–99.
16. Vgl. Robert Dilts u. a., 1989, S. 96–99.
    auch ders., 1994, S. 93–94.
    auch Joseph O'Connor u. a., 1994, S. 76.
17. Robert Dilts u. a., 1989, S. 117.
18. Vgl. ebd., S. 117.
19. Vgl. Donald J. Moine u. a., *Unlimited Selling Power*, 1994, S. 90.
    auch Georgio Nardone u. a., 1994, S. 60.
20. Richard Bandler u. a., 1985, S. 31–32.
21. Alexa Mohl, 1993, S. 39.
22. Vgl. Donald J. Moine u. a., 1994, S. 90.
23. Vgl. Richard Bandler u. a., 1985, S. 31–33.
    auch Alexa Mohl, 1993, S. 68–74
    auch Joseph O'Connor u. a., 1994, S. 63–65.
24. Vgl. Richard Bandler u. a., 1985, S. 32.
    auch John Grinder u. a., 1984, S. 316–319.
    auch Joseph O'Connor u. a., 1994, S. 85 u. S. 179.
25. Vgl. Alexa Mohl, 1993, S. 61–64.

Kapitel III

1. Robert Dilts u. a., 1989, S. 130
2. Ebd., S. 74.
3. Richard Bandler u. a., 1985, S. 55.
4. Robert Dilts u. a., 1989, S. 78.
5. Ebd., S. 84–85.
6. Ebd., S. 123.

7. Richard Bandler u. a., 1985, S. 57.
8. Vgl. Richard Bandler u. a., 1985, S. 46–63 u. S. 89–91.
   auch O'Connor u. a., 1994, S. 268–291.
   auch Robert Dilts u. a., 1989, S. 25–37 u. S. 45–206.
   auch ders., *Einstein*, 1992, S. 17–26.
   auch ders., 1994, S. 42–53, S. 49–52, S. 104–162 u. S. 397–400.
   auch Alexa Mohl,1993, S. 245–284.

Kapitel IV

1. Vgl. Steven Schwartz, *Wie Pawlow auf den Hund kam...*, 1991, S. 33–48.
   auch Helmut Benesch, *Atlas zur Psychologie*, Band 1, 1992, S. 142–145.
2. Heiner Legewie u. a., *Knaurs Moderne Psychologie*, 1992, S. 255.
3. Vgl. Robert Cialdini, 1997, S. 222–230.
4. John Grinder u. a., 1984, S. 87.
5. Vera F. Birkenbihl, 1993, S. 23.
6. Robert Dilts u. a., 1989, S. 134.
7. Richard Bandler u. a., 1985, S. 107.
8. Robert Dilts u. a., 1989, S.162.
9. Ebd.
10. Richard Bandler u. a., 1985, S. 131.
11. Ebd., S. 129.
    Anm.: John Grinder und Richard Bandler gaben im Rahmen ihrer kommunikativen Strategieforschung verschiedenster Therapierichtungen (von der Gestalt-, der Familien- bis hin zur Hypnotherapie) zu, daß rund neunzig Prozent aller therapeutischen Arbeit – teils bewußt, teils unbewußt – aus der Veränderung von verankerten Reaktionen besteht. (Ebd., S. 107)
12. Ralph K. Schwitzgebel und David A.Kolb, *Systematische Verhaltensänderung*, 1978, S. 136.
13. Vgl. Helmut Benesch, 1992, S. 143–145.
14. Vgl. Robert Dilts u. a., 1989, S. 140–141.
15. Vgl. ebd., S. 92 u. S. 134–135.
    auch Heiner Legewie u. a., 1992, S. 245–257.
16. Vgl. unter anderem
    Hans Jürgen Heringer, «*Ich gebe Ihnen mein Ehrenwort*», 1990.
    Werner Holly u. a., *Politische Fernsehdiskussionen*, 1986.
    Rupert Lay, *Manipulation durch Sprache*, 1995.
    Reinhard v. Normann, *Treffend argumentieren*, 1977.
    Wolf Schneider, *Deutsch für Profis*, 1992.
    Siegfried J. Schmidt, *Der Diskurs des Radikalen Konstruktivismus*,1987.

Rolf H. Ruhleder, *Rhetorik – Kinesik – Dialektik*, 1980.
Klaus R. Wagner, *Sprechplanung*, 1978.
17. Robert Cialdini, 1997, S. 228.
18. Ebd., S. 229.
19. Richard Bandler, *Veränderung des subjektiven Erlebens*, 1992a, S. 138–139.
20. Vgl. Robert Dilts u. a., 1989, S. 171.
21. Donald J. Moine u. a., 1994, S. 47.
22. Axel Bänsch, *Verkaufspsychologie und Verkaufstechnik*, 1990, S. 22.
23. Vgl. Bandler u. a., 1985, S. 101–166.
    auch ders., 1992a, S. 137–173.
    auch Robert Dilts u. a. 1989, S. 133–206.
    auch John Grinder u. a., 1984, S. 87–94.
    auch Alexa Mohl, 1993, S. 165–190.
    auch Donald J. Moine u. a., 1994, S. 46–5.
    auch Joseph O'Connor u. a., 1994, S. 89–112.

Kapitel V

1. Vgl. Milton H. Erickson u. a., 1993, S. 17–18.
2. Vgl. Ebd., S. 54.
3. Vgl. John Grinder u. a., 1984, S. 44.
4. Donald J. Moine u. a., 1994, S. 92.
5. Ebd., S. 112.
6. Rolf H. Ruhleder, 1980, S. 223.
7. Milton H. Erickson u. a., 1994, S. 78.
8. Vgl. Donald J. Moine u. a., 1994, S. 114–115.
9. Vgl. Milton H. Erickson u. a., 1993, S. 54.
    auch ebd., 1994, S. 77–79.
    auch John Grinder u. a., 1984, S. 18–52.
    auch Donald J. Moine u. a., 1994, S. 112–115.
10. John Grinder u. a., 1984, S. 320.
    Vgl. auch Richard Bandler, 1991, S. 260.
11. Vgl. auch Peter v. Polenz, *Deutsche Satzsemantik*, 1988, S. 43 u. S. 342.
12. Richard Bandler u. a., *Metasprache und Psychotherapie*, 1992b, S. 99.
13. John Grinder u. a., 1984, S. 317.
14. W. Kroeber-Riell u. a., *Werbung – Steuerung des Konsumentenverhaltens*, 1982, S. 161.
    Vgl. auch Axel Bänsch, 1990, S. 7.
15. Vgl. Donald J. Moine u. a., 1994, S. 144–145.

16. Vgl. ebd., S. 142–143.
17. Vgl. Richard Bandler u. a., 1992b, S. 67–72 u. S. 99–105.
18. John Grinder u. a., 1984, S. 318.
19. Vgl. Donald J. Moine u. a., 1994, S. 146.
20. Vgl. Richard Bandler u. a., 1992b, S. 106–107.
    auch Joseph O'Connor u. a., 1994, S. 151–152.
    auch John Grinder u. a., 1984, S. 318.
    auch Peter v. Polenz, 1988, S. 34 u. S. 137–142.
    auch Friedemann Schulz von Thun, 1993, *Miteinander Reden 1*, S. 110–111.
21. Vgl. Richard Bandler, 1991, S. 262.
    auch John Grinder u. a., 1984, S. 319.
22. Vgl. ansatzweise Milton H. Erickson u. a., 1993, S. 54–56.
    auch Donald J. Moine u. a., 1994, S. 106–112.
23. John Grinder u. a., 1984, S. 31.
24. Ebd., S. 31.
25. Vgl. Richard Bandler, 1991, S. 259–260.
    auch John Grinder u. a., 1984, S. 18–64 u. S. 319–320.
    auch Angela Linke u. a., 1991, *Studienbuch Linguistik*, S. 223.
    auch Donald J. Moine u. a., 1994, S. 106–112.
26. Peter v. Polenz, 1988, S. 308.
27. Vgl. Richard Bandler, 1991, S. 265 u. S. 267.
    auch John Grinder, 1984, S. 321.
    auch Angela Linke u. a., 1991, S. 231–235.
    auch Peter v. Polenz, 1988, S. 307–310.
28. Vgl. ansatzweise Milton H. Erickson u. a., 1993, S. 66–69.
    auch. Ebd., 1994, S. 82–98.
    auch John Grinder u. a., 1984, S. 322.
    auch Rolf H. Ruhleder, 1980, S. 214–215.
29. Vgl. Richard Bandler, 1991, S. 268.
    auch ansatzweise Milton H. Erickson u. a., 1994, S. 79–81.
    auch John Grinder u. a., 1984, S. 321–322.
30. Werner Holly u. a., *Politische Fernsehdiskussionen*, 1986, S. 116.
31. Vgl. Richard Bandler, 1991, S. 269.
    auch John Grinder u. a., 1984, S. 322.
    auch Werner Holly u. a., 1986, S. 64–65 u. S. 116–118.
32. Vgl. John Grinder u. a., 1984, S. 322.
33. Vgl. ebd., S. 323.
    auch Donald J. Moine u. a., 1994, S. 141–142.
34. Paul Watzlawick u. a., *Lösungen*, 1992, S. 127.

35. Vgl. Rolf H. Ruhleder, 1980, S. 175–177 u. S. 197–240.
    auch Joseph O'Connor u. a., 1994, S. 196–211.
    auch Paul Watzlawick u. a., 1992, S. 116–134.
36. Milton H. Erickson u. a., 1993, S. 59.
37. Vgl. Milton H. Erickson u. a., 1994, S. 178.
38. Ebd.
39. Ders., 1993, S. 59.
40. Paul Watzlawick u. a., 1992, S. 124–125.
    Milton H. Erickson u. a., 1993, S. 58–60 u. S. 19–20.
    Milton H. Erickson u. a., 1994, S. 176–179.
41. Paul Watzlawick, 1992, S. 125.
42. John Grinder, 1984, S. 93–94.
43. Vgl. ebd., S. 90–94.
    auch Donald J. Moine, 1994, S. 156–162.
44. John Grinder, 1984, S. 325.
    Vgl. ebd., S. 96.
45. Vgl. Richard Bandler, *Time for a Change*, 1995, S. 159–161.
    auch Milton H. Erickson u. a., 1993, S. 56–58.
    auch Joseph O'Connor u. a., 1994, S. 189.
46. Vgl. Peter v. Polenz, 1988, S. 282.
    auch Angela Linke u. a., 1991 S. 272–273.
    Wolfgang Rehm, 1976, *Gesprächs- und Redepädagogik*, S. 57.
47. Vgl. John Grinder u. a., 1984, S. 324–325.
    auch Joseph O'Connor u. a., 1994, S. 189.
48. Vgl. John Grinder, 1984, S. 325–326.
    auch Joseph O'Connor u. a., 1994, S. 190.
49. Paul Watzlawick u. a., 1992, S. 51.
50. Vgl. Paul Watzlawick u. a., *Menschliche Kommunikation*, 1990.
    auch ders., 1992.
51. Karl Otto Erdmann, *Die Kunst, recht zu behalten*, 1982, S. 72.
52. Wolf Ruede-Wissman, *Auf alle Fälle recht behalten*, 1993, S. 152.
53. Vgl. Gustave Le Bon, 1957, S. 83–85
    auch Joseph O'Connor u. a., 1994, S. 190–198.
    auch Karl Otto Erdmann, 1982, S. 72–74.
    auch ähnlich John Grinder u. a., 1984, S. 328–329.
    auch Donald J. Moine u. a., 1994, S. 169–201.
    auch Rolf H. Ruhleder, 1980, S. 50 u. S. 55–56.
    auch Klaus R. Wagner, *Sprechplanung*, 1978, S. 38.
    auch Wolf Ruede-Wissmann, 1993, S. 151–154.
    auch Milton H. Erickson u. a., 1993, S. 38–39.

VIII. Literaturverzeichnis

Argyle, Michael (1992). *Körpersprache & Kommunikation.* Aus dem Engl. übers. von Christoph Schmidt. 6. Aufl. Paderborn: Junfermann Verlag.

Argyle, Michael (1970). *British Journal of Social and Clinical Psychology.* Bd. 9. S. 222–232.

Bänsch, Axel (1990). *Verkaufspsychologie und Verkaufstechnik.* 4. durchgesehene Aufl. München, Wien: R. Oldenbourg Verlag.

Bandler, Richard/Grinder, John (1985). *Neue Wege der Kurzzeit-Therapie.* Aus dem Amerikan. übers. von Thies Stahl. 4. Aufl. Paderborn: Junfermann Verlag.

Bandler, Richard (1991). *Bitte verändern Sie sich... jetzt!* Aus dem Amerikan. übers. von Vukadin Milojevic. Paderborn: Junfermann Verlag.

Bandler, Richard (1992a). *Veränderung des subjektiven Erlebens.* Aus dem Amerikan. übers. von Clive M. Reuben und Jutta Bosse-Reuben. 4. Aufl. Paderborn: Junfermann Verlag.

Bandler, Richard/Grinder, John (1992b). *Metasprache und Psychotherapie.* Aus dem Amerikan. übers. von A. u. E. Guerin. 7. Aufl. Paderborn: Junfermann Verlag.

Bandler, Richard (1995). *Time for a Change.* Aus dem Amerikan. übers. von Vukadin Milojevic. Paderborn: Junfermann Verlag.

Baudouin, Charles (1924). *Suggestion und Autosuggestion.* Aus dem Franz. übers. von Paul Amann. Dresden: Sibyllen-Verlag.

Bauer, Georg (1970). *Reden, Verhandeln, Diskutieren.* Wiesbaden: Falken-Verlag.

Benesch, Helmut (1992). *DTV Atlas zur Psychologie.* Band 1. 3. Aufl. München: Deutscher Taschenbuch Verlag.

Benesch, Helmut (1987). *DTV Atlas zur Psychologie.* Band 2. München: Deutscher Taschenbuch Verlag.

Bernheim, Hippolyte v. (1985). *Die Suggestion und ihre Heilwirkung.* Aus. dem Franz. übers. von Sigmund Freud. Fotomechanischer Nachdruck der Ausgabe Leipzig, Wien 1888. Tübingen: Edition Diskord.

Biehle, Herbert (1974). *Redetechnik.* Berlin, New York: Walter de Gruyter.

Birkenbihl, Vera F./Blickhan, Claus/Ulsamer, Berthold (1993). *Einstieg in das Neuro-Linguistische Programmieren.* 6. Aufl. Bremen: Gabal Verlag.

Birkenbihl, Vera F. (1995). *Kommunikationstraining.* 16. Aufl. München, Landsberg am Lech: mvg-verlag.

Birkenbihl, Vera F. (1996). *Stroh im Kopf?* 26. Aufl. München, Landsberg am Lech: mvg-verlag.

Buddemeier, Heinz/Strube, Jürgen (1989). *Die unhörbare Suggestion.* Stuttgart: Ursachhaus Verlag.

Bönnen, Rolf (1989). *Flirten – aber wie?* München: Humboldt-Taschenbuchverlag.

Bon, Gustave l. (1957). *Psychologie der Massen.* Stuttgart: Alfred Kröner Verlag.

Cialdini, Robert B. (1984). *Einfluß.* Aus dem Engl. übers. von Wolfgang Riehl. Landsberg am Lech: Moderne Verlags Gesellschaft.

Cialdini, Robert B. (1997). *Die Psychologie des Überzeugens.* Aus dem Engl. übers. von Matthias Wengenroth. Bern, Göttingen, Toronto, Seattle: Hans Huber Verlag.

Correll, Werner (1996). *Menschen durchschauen und richtig behandeln.* 15. Aufl. Landsberg am Lech: Moderne Verlags Gesellschaft.

Dilts, Robert/Grinder, John/Bandler, Richard u. a. (1989). *Strukturen subjektiver Erfahrung.* Aus dem Amerikan. übers. von Michael Sauerbrei. 3. Aufl. Paderborn: Junfermann Verlag.

Dilts, Robert (1992). *Einstein.* Aus dem Amerikan. übers. von Theo Kierdorf. Paderborn: Junfermann Verlag.

Dilts, Robert/Epstein, Todd/Dilts Robert W. (1994). *Know-how für Träumer.* Aus dem Amerikan. übers. von Theo Kierdorf, Hildegard Höhr. Paderborn: Junfermann Verlag.

Erdmann, Karl Otto (1982). *Die Kunst recht zu behalten.* Berlin, Wien: Ullstein.

Erickson, Milton H./Rossi, Ernest L. (1993). *Hypnotherapie.* Aus dem Amerikan. übers. von Brigitte Stein. 3. Aufl. München: Pfeiffer Verlag.

Erickson, Milton H./Rossi, Ernest L. u. Sheila (1994). *Hypnose.* Aus dem Amerikan. übers. von H. U. Schachtner u. Peter J. Randl. 4. Aufl. München: Pfeiffer Verlag.

Fast, Julius (1990). *Körpersprache.* Reinbek bei Hamburg: Rowohlt Taschenbuch Verlag.

Foppa, Klaus (1968). *Lernen, Gedächnis, Verhalten.* 3. Aufl. Köln, Berlin: Kiepenheuer & Witsch Verlag.

Gordon, David (1992). *Therapeutische Metaphern.* Aus dem Amerikan. übers. von Reinhold Neef. 4. Aufl. Paderborn: Junfermann Verlag.

Grinder, John (1982). *Kommunikation und Veränderung.* Aus dem Amerikan. übers. von A. u. E. Guerin. Paderborn: Junfermann Verlag.

Grinder, John (1984). *Therapie in Trance.* Aus dem Amerikan. übers. von Sabine Behrens. Stuttgart: Klett-Cotta.

Grinder, John/DeLozier (1995). *Der Reigen der Daimonen.* Aus dem Amerikan. übers. von Vukadin Milojevic. Paderborn: Junfermann Verlag.

Heringer, Hans Jürgen (1990). *«Ich gebe Ihnen mein Ehrenwort»*. München: C. H. Beck Verlag.

Höfner, Eleonore/Schachtner, Hans-Ulrich (1995). *Das wäre doch gelacht!* Reinbek bei Hamburg: Rowohlt Verlag.

Holly, Werner/Kühn, Peter/Püschel, Ulrich (1986). *Politische Fernsehdikussionen*. Tübingen: Max Niemeyer Verlag.

Kirschner, Josef (1974). *Manipulieren aber richtig*. München, Zürich: Droemersche Verlagsanstalt.

Kirschner, Josef (1987). *So wehrt man sich gegen Manipulation*. München, Zürich: Droemersche Verlagsanstalt.

Kiener, Franz (1983). *Das Wort als Waffe*. Göttingen: Vandenhoeck & Ruprecht.

Lay, Rupert (1995). *Manipulation durch Sprache*. 4. Aufl. Frankfurt/M, Berlin: Ullstein.

Lay, Rupert (o.J.). *Dialektik für Manager*. 9. Aufl. Reinbeck bei Hamburg: Rowohlt Verlag.

Legewie, Heiner/Ehlers, Wolfram (1992). *Knaurs Moderne Psychologie*. Neue u. wesentlich erweiterte Aufl. München: Droemer Knaur.

Lemmermann, Heinz (1988). *Schule der Debatte*. 2. Aufl. München: Günter Olzog Verlag.

Linke, Angelika/Nussbaumer, Markus/Portmann, Paul R. (1991). *Studienbuch Linguistik*. Tübingen: Max Niemeyer Verlag.

Miller, G. A./Galanter, E./Pribram, K. (1973). *Strategien des Handelns*. Aus dem Amerikan. übers. von Paul Bärtschi. Stuttgart: Klett Verlag.

Mohl, Alexa (1993). *Der Zauberlehrling*. Paderborn: Junfermann Verlag.

Moine, Donald J./Lloyd, Kenneth L. (1994). *Unlimited Selling Power*. Aus dem Amerikan. übers. von Isolde Kirchner. Paderborn: Junfermann Verlag.

Molcho, Samy (1995). *Alles über Körpersprache*. München: Mosaik Verlag.

Molcho, Samy (1996). *Körpersprache im Beruf*. München: Mosaik Verlag.

Molcho, Samy (1996). *Körpersprache*. Vollständige Taschenbuchausgabe. München: Wilhelm Goldmann Verlag.

Mühlen, Ulrike (1985). *Talk als Show*. Frankfurt/M, Bern, New York: Peter Lang Verlag.

Nardone, Giorgio/Watzlawick, Paul (1994). *Irrwege, Umwege und Auswege*. Aus dem Ital. übers. von Erika Frey Timillero. Bern, Göttingen, Toronto, Seattle: Hans Huber Verlag.

Normann, Reinhard v. (1977). *Treffend argumentieren*. Thun: Ott Verlag.

O'Connor, Joseph/Seymour, John (1994). *Neurolinguistisches Programmieren: Gelungene Kommunikation und persönliche Entfaltung*. Aus dem Amerikan. übers. von Gabriele Dolke. 3. Aufl. Freiburg im Breisgau: Verlag für Angewandte Kinesiologie.

O'Connor, R.D. (1972). «Relative efficacy of modeling, shaping and the combined procedures for modifikation of social withdrawal». *Journal of Abnormal Psychology*, 79, S. 327–334.

Ossner, Jakob (1985). *Konvention und Strategie*. Tübingen: Max Niemeyer Verlag.

Pfungst, Oskar (1907). *Das Pferd des Herrn Osten (Der Kluge Hans)*. Leipzig: Johann Ambrosius Bart.

Polenz, Peter v. (1988). *Deutsche Satzsemantik*. 2. Aufl. Berlin, New York: Walter de Gruyter.

Rehm, Wolfgang (1976). *Gesprächs- und Redepädagogik*. Kastellaun: Aloys Henn Verlag.

Reiners, Ludwig (1992). *Stilfibel*. 25. Aufl. München: Deutscher Taschenbuch Verlag.

Rosenthal R. «Der Pygmalion-Effekt lebt» *Psychologie heute* 6 (Juni 1975): 18ff.

Rother, Werner (1961). *Die Kunst des Streitens*. München: Günter Olzog Verlag.

Rückle, Horst (1991). *Körpersprache verstehen und deuten*. Niedernhausen/Ts.: Falken Verlag.

Ruede-Wissmann, Wolf (1989). *Auf alle Fälle recht behalten*. 2 Aufl. München: Wilhelm Heyne Verlag

Ruhleder, Rolf H. (1980). *Rhetorik Kinesik Dialektik*. Bad Harzburg: WWT Verlag.

Schmidt-Oumard, Wolfgang/Nahler, Michael (1994). *Lehren mit Leib und Seele*. 2. Aufl. Paderborn: Junfermann Verlag.

Schmidt, Siegfried J. (1992). *Der Diskurs des Radikalen Konstruktivismus*. 5. Aufl. Frankfurt/M.: Suhrkamp Verlag.

Schneider, Wolf. (1992). *Deutsch für Profis*. 11 Aufl. Genehmigte Taschenbuchausgabe des Goldmann Verlags. Hamburg: Verlag Gruner + Jahr AG & Co.

Schneider, Wolf. (1996). *Wörter machen Leute*. 6. Aufl. München: Piper Verlag.

Schopenhauer, Arthur (1994). *Eristische Dialektik*. 10. Aufl. Zürich: Haffmanns Verlag.

Schulz v. Thun, Friedemann (1981). *Miteinander Reden 1 – Störungen und Klärungen*. Reinbeck bei Hamburg: Rowohlt Verlag.

Schulz v. Thun, Friedemann (1989). *Miteinander Reden 2 – Stile, Werte und Persönlichkeitsentwicklung*. Reinbeck bei Hamburg: Rowohlt Verlag.

Schwarz, Steven (1991). *Wie Pawlow auf den Hund kam ...* Aus dem Engl. übers. von Michaela Huber. 2. Aufl. Weinheim, Basel: Beltz Verlag.

Schwarze, Helmut (Hrsg.) (1974). *Rhetorik*. Frankfurt/M.: Akademische Verlagsgesellschaft Athenaion.

Schwitzgebel, Ralph K./Kolb, David A. (1978). *Systematische Verhaltensänderung*. Stuttgart: Klett-Cotta.

Spieth, Rudolf (1994). *Menschenkenntnis im Alltag*. München: Mosaik Verlag, Sonderausgabe Orbit Verlag.

Springer, Sally P./Deutsch, Georg (1988). *Linkes – rechtes Gehirn*. Aus dem Amerikan. übers. von Gabriele Heister, Christel Kolbert und Bruno Preilowski. 2. Aufl. Heidelberg: Spektrum der Wissenschaft Verlagsgesellschaft.

Stemme, Fritz/Reinhardt Karl-Walter (1990). *Supertraining*. 5. Aufl. Düsseldorf, Wien, New York: Econ Verlag.

Stroeken, Harry (1993). *Kleine Psychologie des Gesprächs*. Göttingen, Zürich: Vandenhoeck & Ruprecht.

Thiel, Erhard (1991). *Die Körpersprache*. Genf, München: Ariston Verlag.

Ulsamer, Berthold (1993). *Exzellente Kommunikation mit NLP*. 2. Aufl. Bremen: Gabal Verlag.

Vaitl, Dieter/Petermann, Franz (1993). *Handbuch der Entspannungsverfahren*. Weinheim: Psychologie Verlags Union.

Vermeer, Hans J. (1972). *Allgemeine Sprachwissenschaft*. Freiburg: Rombach Verlag.

Vester, Frederic (1994). *Denken*. 21. Aufl. München: Deutscher Taschenbuch Verlag.

Watzlawick, Paul/Beavin, Jeanet H./Jackson, Don D. (1990). *Menschliche Kommunikation*. 8. unveränd. Aufl. Bern, Göttingen, Toronto: Hans Huber Verlag.

Watzlawick, Paul/Weakland, John H./Fisch, Richard (1992). *Lösungen*. 5. Aufl. Bern, Göttingen, Toronto: Hans Huber Verlag.

Watzlawick, Paul (1993). *Anleitung zum Unglücklichsein*. München: Deutscher Taschenbuch Verlag.

Watzlawick, Paul (1993). *Wie wirklich ist die Wirklichkeit?* 21 Aufl. München, Zürich: R. Piper & Co. Verlag.

Wagner, Klaus R. (1978). *Sprechplanung*. Frankfurt/M: Hirschgraben Verlag.

IX. Stichwortverzeichnis

Adaption, 21 f.
- direkte 21 f.
- durch Sequenzen 59 ff.
- durch Wiederholung 57, 93 f.
- indirekte 22 f.
- nonverbale 21 ff.
- paralinguistische 21 ff.
- soziale 23 f.
- verbale 55 ff.
Alternativfragen 105 f.
Anker 72 ff.
- höherer Ordnung 80 f.
- im Verkauf 88 f.
- in der Werbung 86 f.
- in der Erziehung 87 f.
- nonverbal 72 ff.
- verbal 72 ff., 83 ff.
- verdeckt 76 ff.
Ankerinstallation 73 ff.
Anpassung 21 ff.
Anweisungen 114 f.
Atemfrequenz 54
Atmungsmuster 50
- auditiver Zugang 50
- kinästhetischer Zugang 50
- visueller Zugang 50
auditives System 29 ff.
Aufdecken von Strategien 62 ff.
Aufforderung 118 f.
Aufmerksamkeit und Zustimmung 90 ff.
Augenbewegungsmuster 38 ff.
assoziierter Bewußtseinszustand 67

Beeinflussung 13 ff.
bestätigende Aussagen 91 ff.

bevorzugtes System 44
Bewußtseinsprädikat 55 ff.

Dialektik 110 ff.
digitale Klänge 45 f.
Durchblutung 51 f.

Enthüllen durch Fragen 66 ff.
erinnerte Bilder 39 f.
erinnerte Klänge 43 f.
Existenzpräsuppositionen 105 ff.
explizierte Kausative 104 f.

Feststellungsvermutungen 118
Füllwörter 117
Führen 24 ff.
- durch Körpersprache 25 ff.
- durch Sequenzen 68
Führungssystem 49

Gedankenlesen 96
gelenkter Widerstand 119 ff.
Gesten 53 f.
getarnte Aufforderungen 118 f.
gustatorische Empfindungen 46 f.
gustatorisches System 29 ff.

implizierte Kausative 103 f.
Intensitätsverstärkung 81 f.
Interrogative 94 ff.

Käuferbeispiele 57 f.
Kausative 103 ff.
klassische Konditionierung 71 f.
Kinästhetische Empfindungen 46 f.
kinästhetisches System 29 ff.

141

kommentierende Adjektive und
　　Adverbien 109
Kommunikationskanäle 29 ff.
konstruierte Bilder 41 f.
konstruierte Klänge 44 f.
Körperhaltung 51 ff.
Körpersprache 17 ff.
Körperbau 54 f.
Körpertyp 54 f.
komplexe syntaktische Strukturen
　　116
Kommunikationsfluß 21 ff.
Konfusion 112 ff.
Konjunktion 103 ff.
Konversationspostulate 118 f.

Lenken durch Fragen 94 ff.

Manipulation 90 f.
Markieren 115 f.
Metaphorische Sprachmuster 123 f.

Negationen 116 f.
Nominalisierung 98 f.

olfaktorische Empfindungen 46 f.
olfaktorisches System 29 ff.
organisatorische Mittel 107

physiologische Zustände verankern
　　72 ff.
passive Satzkonstruktionen 101
paralinguistische Elemente 19 ff.
Partikel 117 f.
Prädikate 31 ff.
　– ambivalente 37
　– auditive 34
　– gustatorische 36
　– kinästhetische 35
　– olfaktorische 36
　– unspezifische 37
　– visuelle 32

Präsupposition 105 ff.
primäres Repräsentationssystem
　　31 ff.
Prozessieren 51
Prozeßworte 31
Pseudo-Alternativfragen 105 f.

Reaktionssubstitution 77 ff.
Referentielle Präsuppositionen 105 ff.
Referenzsystem 69
Reiz-Reaktions-Konditionierung 71 ff.
Repräsentationsindikatoren 29 ff.
　– nonverbal 38 ff.
　– verbal 29 ff.
Repräsentationssequenzen 48 f., 59 ff.
Repräsentationssysteme 29 ff.
　– bevorzugt 49
　– primär 31 ff.

Satzkonstruktionen 32 ff.
　– auditive 34 f.
　– gustatorische 36
　– kinästhetische 35
　– olfaktorische 37
　– visuelle 32
Schachtelsätze 115
Schlüsselworte 29 ff.
scheinbares Gedankenlesen 96 f.
Selbstgespräch 45 f.
Sequenzen 48 f., 59 ff.
Sinneskanäle 29 ff.
sokratische Frageform 94 ff.
Spiegeln 21 ff.
Sprachschlüssel 29 ff.
　– nonverbale 38 ff.
　– verbale 29 ff.
suggestive Sprach- und
　　Sprechhandlungsmuster 91 ff.
Stimmlage und Sprechtempo 51
strategische Beeinflussung 68 f.
Strategien 59 ff.
subliminal 14

Suggerieren 14
Suggestion 14
Synästhesieindikator 42
systematische Intensitätsverstärkung 81 f.
Telefonhaltung 52
Temporaler Nebensatz 106
Tilgung 101 f.
Transderivationale Prozesse 58, 97 ff.
Umdeutung – siehe Dialektik 110 ff.
unspezifisch 99
– Prädikat 337, 58, 97 ff.
– Substantiv 100 f.
– Verb 99
unterschwellig 14
Verankern 71 ff.

Verbale Sprachenthüllung 63
Verhaltensstrategien 60 ff.
verhüllte Fragen 118
verifizierbare Aussagen 92 ff.
Verknüpfung 102 ff.
verneinte Appelle 116 f.
verschachtelte Sätze 115
versteckte Anweisungen 114 ff.
Verwirrung 112 ff.
Visualisierung 42 ff.
visuelles System 29 ff.
Vorannahmen 104 ff.

Widerstand 119 ff.

Zugangshinweise, -signale der Augen 38 ff.
Zustimmung 91 ff.